数学提分小细节

廖恒　主编

极简学习编辑部　著

天津出版传媒集团

天津教育出版社
TIANJIN EDUCATION PRESS

果麦文化　出品

极简学习编审组成员

（部分）

宋炳辰｜本科毕业于北京大学，中国人民大学硕士，原高考语文、历史双科命题人，曾任北京市海淀区教研员。

王崴皓｜本科毕业于北京大学中文系，从教近20年，先后在北京多所重点中学担任骨干语文教师，授课时长超一万小时。

赵燕鸣｜从教近20年，曾获海淀区"四有"教师荣誉称号，现为北京101教育集团上地实验学校小学部一线教师、北京市海淀区小学数学学科带头人。

赵　薇｜曾获海淀区优秀教师荣誉称号，现为北京101教育集团上地实验学校小学部一线教师、北京市海淀区小学数学骨干教师。

宗泽宇｜通过高中数学奥林匹克竞赛保送进入清华大学，2018年开始从事数学教学工作，所教授学生近百人考入清华、北大。

丁鸣子｜西安外国语大学英语教育专业科班出身，英语专业八级，高考英语149分，中高考英语提分名师，14年一线带考经验，《英语提分小细节》作者。

荆俊哲｜本科毕业于清华大学电子工程系，2017年高考山东省淄博市理科第一名，高考数学满分，极其擅长理科学科的快速解题。

付梦琰｜2020年高考河南省文科第14名，焦作市文科第一名考入北京大学，因"一拉杆箱笔记上北大"的真实故事走红网络。

周　彤｜从年级垫底700多名到逆袭考上北京大学，个人故事被创作成励志小说《高考逆袭日记》，被誉为"中国版垫底辣妹"。

张凯歌｜就读于清华大学新雅书院，高考成绩706分，2020年新疆高考理科第一名，擅长学生心理调节与学习兴趣激发。

主编的信

各位同学、家长：

大家好，我是"极简学习"创始人廖恒，长期追踪以优异的成绩考入清华、北大的学子，并深入了解他们的学习轨迹。

当我收到为"极简学习"系列书写总序的邀请时，正坐在清华大学东门外的办公室里，透过落地窗眺望北京大学的百年讲堂。我用这封信讲述自己创立"极简学习"的初心，相信同学们在看完后，一定会有如获至宝的感受；如果您是学生家长，也一定不会再为孩子的学习问题而焦虑。

我从 2019 年开始专门研究并总结这些清北学子的学习方法，创作出《极简学习法》一书，解开了考试得高分的秘密。图书在出版后得到了读者们的广泛好评，被认为是一本能真正帮助孩子们考高分的好书。

"极简学习法"的效果是如此神奇，令我十分惊喜。因此，我邀请更多优秀的清北学子与学科名师，基于极简学习法的理论体系，创作针对各科的具体学习方法，形成系列图书，旨在让不同学段的孩子在不同科目上，都能快速提分。

"极简学习"系列图书的核心特点是"三个极简"。

一、方法极简：100 位优秀清北学子带你考高分

"极简学习"系列书全部基于"极简学习法"体系，即"精准输入、深度消化、多元输出"这简洁的三个步骤进行研发创作，并把这套方法应用到不同学段、不同科目里，力求让每一个孩子都能够真正地在学习中运用极简学习的方法，让来自 100 位清北学子的"极简学习法"帮助他们在考试中取得高分。

二、过程极简：仅用原来的 1／2 时间拿高分

我追踪采访超过 100 名清北学子，发现他们在学习上表现卓越的秘诀是大多使用"极简模式"，并没在学习中设置太多环节，只是用对学习资料，科学安排学习计划，将要做的事情清清楚楚、一件一件地执行和完成。整个过程干净利落，没有内耗。

这与很多同学陷入"差生文具多"，要上一大堆辅导班，看一大堆学习资料，每天都特别忙，还经常开夜车，最终无法取得好成绩的困境有天壤之别。

因此，"极简学习"系列书始终遵循一个原则：让大家的学习过程都变得极简。只要翻开其中的任何一本，就能让你像这些出众的清北学子一样，学习和规划思路都清晰明了，不用花过多时间，简单完成设定的学习任务，自然而然地考出高分。

三、提分极简：考什么学什么，不做无用功

"极简学习"严格遵循"考什么学什么，不做无用功"的原则，以终为始，思维倒推，不做任何虚无的工作，也不讲任何假大空的、无法落地的内容。

系列书中的每本都严格按照国家新课标的要求来编写，除此之外，我对系列书所有的创作人员都有一个基本的要求：每一本书、每一段内容、每一个字，都必须具有"一学就提分"的效果。

正如这套"提分小细节"系列，其中的每本书收录的都是能够针对对应的科目直接提分的方法和技巧。而为什么将这个系列命名为"小细节"呢？这是因为我们总结的这些方法和技巧都足够"小"和"轻"，任谁一看，都能马上直接运用，且没有任何的执行难度，一用就提分。

"极简学习"还包含"一本书学完"系列，致力于让大家

仅通过一本书，就能够直接掌握一个学科某个学段的知识；通过一本书，就能够学完原本需要 3 年时间、6 本教材，甚至需要 6 年时间、12 本教材才能学完的知识。不仅大大降低了所需的学习时间，还以直接、系统的方式学习，这才真正地实现了"过程极简"。

最后，祝愿大家极简学习，轻松提分！

廖恒

2024 年夏

前言

对于大多数同学来说，数学是一门比较具有挑战性的学科，在学习数学时，同学们常常感到困惑和无助，难以取得令人满意的成绩。如何培养对数学的兴趣和自信？如何提高数学解题水平？如何在考试中进一步提分？是许多同学都面临的普遍问题。

如果你也被以上问题所困扰，不妨试试这本《数学提分小细节》中所总结的 28 个方法！这本与众不同的数学学习方法书，是一本能够真正帮助你提高数学成绩的书。它不仅引导你发现隐藏在数学学习中的提分小细节，还能锻炼解题能力，提升数学思维能力。与其他数学教辅材料相比，它有以下四大优势。

一、真的实用：重点突出，强调数学学习细节

《数学提分小细节》不仅有知识点的阐述，还注重数学学习方法和细节的讲解，能更直接地帮助同学们掌握解题的要领。它从同学们常犯的错误出发，深入剖析易错点和易混淆

点，揭示数学学习中微小但关键的细节。通过对这些细节的重点突破，帮助同学们消除对各类难点的疑惑，加深同学们对数学知识的理解，自然也就能提高解题的准确性和速度。

二、真的深入：深入剖析易错点，解决学生困惑

在学习数学的过程中，同学们常常会遇到一些易错点或困惑点。《数学提分小细节》针对这些问题进行了深入的剖析，并提供了详细的解决方案。同学们通过阅读书中的案例和建议，就能够更加清晰地了解为何数学考试中的某些考题容易出错，并习得解决问题的方法和技巧。这种深入剖析和解决问题的方式，能帮助同学们更好地应对挑战，提高数学成绩。

三、真的贴心：从学生的角度出发，关注学习体验

许多传统的数学教辅图书文字晦涩难懂，给同学们带来了一定程度的困扰。《数学提分小细节》则坚持从学生的角度出发，使用更加通俗易懂的语言，结合生动有趣的案例和简明扼要的解释，引导同学们逐步深入数学学习的各个阶段，让同学们能够轻松理解和掌握数学知识。只需要跟着书中的 28 个小细节逐个去做，就能循序渐进地提高数学水平。

四、真的突破：提升数学思维，实现更高层次的突破

《数学提分小细节》不仅注重数学知识点的学习，有效提高同学们的数学成绩；还着力于培养同学们的数学思维方式和解决问题的能力，让同学们实现更高层次的突破。全书系统而严谨的知识串联，将数学学习中的各个知识点有机地连接了起来，形成一个完整的数学知识体系，让同学们从整体上理解和把握数学的规律性，打下扎实的数学基础。这样一来，同学们不仅可以从容应对数学考试，还能更好地应对进一步学习和应用数学的挑战！

总之，《数学提分小细节》是一本非常实用的数学学习方法书。它提供了高效的学习方法、实用的学习技巧、深入的案例剖析、贴心的语言引导和突破性的数学思维，这些特点都使其成为你数学学习中不可或缺的有力帮手。如果你能够将书中的 28 个小细节灵活运用到日常的学习和考试中，你的数学成绩一定会有显著地提升。

希望这本书能成为你数学学习路上的良师益友，为你未来的数学学习奠定坚实的基础，更祝愿所有的同学都能在数学的世界里探索出自己的兴趣，取得辉煌的成就！

极简学习编辑部

2023 年 12 月 26 日

目录

第三章
临难不慑，学会考试策略

第四章
综合提升，培养数学能力

第一章

夯实基础，考试前的准备

小细节 01
读懂题目，你忽视了哪些审题细节？

提分小档案

☐ 提分目标：避免因误读题意而失分

☐ 解决问题：审题漫不经心，忽略题目关键词，未能完整读题

☐ 提分方法：制订审题流程，培养审题习惯，训练关键词敏感度

人们常说："细节决定成败。"在严谨而复杂的数学领域，这一点尤为突出。一个小小的疏忽，就可能得到一个完全不同的答案。

无论在何种情况下，数学都强调对细节的严格把握。我们都知道，在面对复杂的定理和数学模型时，必须对细节足够重视，解决问题的方法往往隐藏在细节中；在最初接触数学的时候，也不能在细节上掉以轻心，这样才能养成良好的学习习惯，为将来打下牢固的基础。那些因为一个小小的计算失误而导致的错误答案，或因为没有准确捕捉到题目关键词而导致的解题失误，往往都归咎于未把握好细节。

随着数学学习的不断深入，题目的难度也逐渐提升，审题的重要性更加凸显。从解一元二次方程到探究函数的性质，从

计算平面向量到解析空间几何，审题的每一个环节都是成功解题的关键。

一、审题常见误区

1. 未充分理解题目

在大多数情况下，过于自信和仓促应战这两点都会导致同学们审题失误。许多同学对于自己熟悉的题型，往往掉以轻心，认为自己已经完全理解了，因此不再细致地阅读题目。而有的同学则是因为急于解题，没有在正确理解问题要求的情况下进行计算和推导，忽略了题目中的某些关键条件或特殊要求，最后导致解题方向偏离或者完全错误。

2. 漏掉重要信息

大多数题目都可能有特定的范围或条件限制，但是有些同学因为过于自信而忽视了这些信息，最后导致结果完全偏离标准答案。还有些题目包含了多个关键信息，仓促应战的同学可能会漏掉其中的一些信息，导致得出的答案不完整或不正确。

例如，下面这道题目：

在平面直角坐标系中，点 A 和点 B 的坐标分别为（2，3）和（8，k）。直线 AB 与 x 轴的正半轴形成一个角度 θ，且 $\tan\theta=\frac{3}{4}$。给定点 C 在 x 轴上，使得 ΔABC 的面积最大。求点 B 的坐标。

这个问题的难点在于，同学们需要注意到 $\tan\theta$ 实际上给出了直线 AB 的斜率，这是通过点 A 和点 B 的坐标变化率来体现的。同时，要最大化 $\triangle ABC$ 的面积，需要利用到三角形面积的性质和几何知识。不仅如此，同学们还需要知道在这种情况下，点 C 的位置会影响三角形的面积，而点 C 在 x 轴上的位置并不是随意的，它应当使得 AC 为底、AB 为高的三角形面积最大。这些条件之间的联系很容易被忽略。

3. 未使用合适的数学概念或公式

还有的情况是同学们因为没有正确审题，而使用了错误的数学概念或公式，导致答案错误。

例如，下面这道简单的题目：

求函数 $y=x^2+kx+1$ 在 k 是何值时，有两个相等的实数解。

很多同学会习惯性地认为这是判别式 $\Delta=0$ 的题目，快速写下 $k^2-4=0$ 而得到 $k=2$ 或 $k=-2$。但只要你仔细审题，就会发现这实际上应用的是函数的图解，答案也会因此完全不同。

二、制定审题流程

1. 准确把握题目要求

正确解答数学题，往往开始于准确把握题目要求。这是第一步，也是至关重要的一步。此处，我们将重点探讨两个关键的审题细节。

（1）关键词识别：题目中的关键词可以为同学们提供解题的方向。如"求最值"通常意味着需要同学们应用导数来寻找函数的最大值或最小值；"验证"要求同学们用给定的条件检查一个特定的数学属性或关系是否成立；"证明"则要求同学们使用数学逻辑和定理来确证一个给定的结论；"解方程"是明确地告诉同学们需要找到某个方程的解。

（2）理解语境：数学题目中经常包含实际背景或情境，这有助于同学们理解题目的实际意义。例如，一道题目可能描述一个物理问题、一个经济模型或一个日常生活中的情境。理解这些背景可以帮助同学们更准确地找到需要使用的数学方法，并避免在解题过程中走入常见的误区。

考虑以下题目：

一农场主希望建一个矩形的围栏来圈养她的羊。她有100米的围栏材料，且一侧紧靠着一条直的河流，因此不需要围栏。问：这个矩形的最大面积是多少？

首先，要从题目中提取关键词："矩形"向同学们说明了形状，"最大面积"意味着要寻找一个最值。其次，理解语境：

这是一个实际应用问题，需要求的是一个矩形的最大面积，而河流则意味着矩形只有三条边需要围栏。根据上述理解，同学们可以建立一个数学模型，用 x 表示垂直于河道的围栏的长度，平行于河道的围栏长度则为 $100-2x$，从而列出这个矩形的面积函数 $A(x)=x(100-2x)$。最后，通过求导并令导数为 0，就可以找到面积的最大值。

通过这样准确地识别关键词并理解题目的语境，同学们可以明确解题方向，从而更加高效、准确地解决问题。

2. 提取关键信息

能够迅速并准确地提取出题目中的关键信息是成功解题的重中之重。这通常包括两个核心环节：数据分析和变量确定。

（1）数据分析：在面对一道题目时，首先要做的就是识别和提取出所有已知的信息和数据。这些数据可能包括数字、函数、关系式等。对于复杂的题目，同学们可以尝试在题目旁边做简短的笔记，列出所有已知的数据，有助于整理思路。

（2）变量确定：同学们需要确定题目中的未知数，以及这些未知数在整个题目中的角色和含义。这一步是非常关键的，因为它决定了接下来解题的方向。一旦锁定了正确的未知数和它们的关系，整个解题过程就会变得更加清晰和有条理。

3. 建立合适的数学模型

在高中数学中，将实际问题转化为数学模型是解题的关键一步。正确地建立模型，能够让问题变得清晰，并指导同学们如何解题。可以按照如下步骤进行：

（1）选择方法：这是模型建立的第一步。面对一道题目，同学们首先要识别其关键信息，然后思考：这个问题与我之前学过的哪些方法或定理有关？有时，选择正确的方法可能需要同学们同时考虑多个数学知识点。

（2）建立方程：确定了方法之后，同学们要把实际问题具体化，用数学语言表达出来，通常是建立方程或不等式。

请看下面这道考试中常见的应用题：

一个农场主要种植玉米和小麦这两种作物。每亩玉米需要2小时的劳动和3千升的水，而每亩小麦需要1小时的劳动和4千升的水。农场每天最多有8小时的劳动时间和24千升的水。如果玉米每亩可以赚取5元，小麦每亩可以赚取6元，那么农场主应该如何分配种植面积使收益最大化？

第一步，选择方法：此题是一个典型的线性规划问题，需要同学们利用资源的约束条件来找出收益的最大值。

第二步，建立方程：设玉米的种植面积为 x 亩，小麦的种植面积为 y 亩。劳动时间约束体现为 $2x+y \leq 8$（每亩玉米需要 2 小时劳动，每亩小麦需要 1 小时）；水资源约束体现为 $3x+4y \leq 24$（每亩玉米需要 3 千升的水，每亩小麦需要 4 千升的水）；目标函数（收益）体现为 $Z=5x+6y$。

第三步，使用图象法或其他方法求解线性规划问题，就可以找到收益最大化时的 x 和 y。

通过以上步骤，我们将实际的农业问题转化为了数学模型，从而进一步使用数学工具求解。这正是建立数学模型的魅力所在，而审题的过程则确保同学们能够准确无误地完成这一转化。

4. 阅读答案要求

在数学考试中，正确得出答案并非完结，正确地呈现答案同样关键。

（1）结果表达：数学题目的结果表达往往在要求中有明确的指示，其可能涉及答案的形式、小数位数或是否需要化简等。例如，题目可能会要求"请将答案化简至最简形式"或"结果保留至小数点后两位"。

考生如果忽视了这些要求，就可能导致损失部分得分。我们来看一个简单的例子：在求圆的面积时，假设得到的答案是 25π 平方单位。但题目要求将答案化为十进制数并保留两位小数，那么答案就应该为 78.54，而非写成 25π 或 78.5398 等其他形式。

（2）答案检查：检查答案的合理性是每道题完成后的必要步骤，不仅要检查是否有计算错误，还要确保答案符合实际意义和题目要求。

假设一道题目要求根据已给条件求一个实数解，但在求解过程结束后，你得到了一个复数解。这时，你应该立刻意识到自己可能在某个步骤上出了错——根据题意，答案肯定是实数。或者，在解决几何问题时，你得到的一个大于 180° 的角度，这样的答案往往是不合逻辑的，同样应该引起警觉。

（3）单位问题：高中阶段的数学问题，虽然大部分题目不像物理或化学那样涉及复杂的单位转换和量纲分析，但仍有一些题目在计算或表示上需要考虑单位和量纲，尤其是与实际生活或其他科目相结合的题目。

不正确的单位或量纲可能会导致计算错误，进而影响整个答案的正确性。在解决实际问题时，常常需要处理各种单位，如米、千米、平方米、克、吨等。当题目中涉及多种单位时，同学们需要确保在计算过程中，对单位的使用具有一致性。

小细节 02
活用错题本，直接提分更高效

提分小档案

☐ 提分目标：建立错题本，高效提分

☐ 解决问题：不会在考前、考后使用错题本

☐ 提分方法：考后整理错题，考前针对性回顾错题本

　　错题本对于每一位同学来说，都是一种不陌生的工具。相信每位同学的老师都曾说过："建立错题本，可以帮助你更好地掌握数学知识，提高做题水平。"但其实，如果同学们能学会如何在考前和考后灵活地使用错题本，则能更加有效率地帮助你提分。

一、为什么考前、考后活用错题本提分更有效？

1. 考试会暴露平时无法发现的问题

　　每次考试都会暴露同学们在日常学习中没有发现的一些问题，这些问题更有记录和回顾的价值。

　　为什么这么说呢？这是因为同学们在平常学习时比较放松，也没有时间等其他条件的限制，因此有些问题可能没那么

容易暴露出来。但在考场上，同学们处在一种有压力的状态下，就可能因为时间等因素的影响，对自己平常还算确定的知识点有所怀疑，导致最终出错。

但还是要恭喜你找到了自己薄弱的一环，这就是错题本需要记录的内容。在每次翻看错题本时，同学们都能回忆起当时的答题情景，并意识到自己对该知识点掌握得不够牢固。这就是记录错题、形成错题本的意义，对于提分自然极有帮助。

2. 考前、考后用好错题本，就是直接针对提分

在考试前，同学们一般都有自主复习备考的时间。在这段时间里，如果能围绕错题本展开复习，那就是在消灭自己并未完全掌握知识点的缺漏，也就是直接针对考试精准提分。而如果同学们只是用这段时间来做作业，或者漫无目的地复习和学习，对提分可能并没有很直接的帮助。

在考试后，老师也一般会留时间让同学们消化试卷的内容。这个时候，将考试中暴露出来的问题一一记录在错题本上，好好消化弄懂，毫无疑问也是一次目标非常精准的学习，自然对提分有直接的帮助。但要是你在考后放任这些错题不管，还是像平时一样按部就班地学习，岂不是浪费了提分的绝佳机会？

3. 建立错题本，本身就功效强大

不论在什么阶段使用错题本，其本身对同学们提高分数都

有着重大意义——在考前和考后整理错题，都能享受到错题本的好处。

（1）审查错误：将错题记录在错题本中，可以帮助你更好地审查自己在做题过程中究竟犯了什么错误。首先，你需要分析错题，找出错误的原因，其可能包括理解偏差、计算错误、代数错误、符号错误等。其次，你需要在错题本中详细记录这些错误，并在做下一次练习时尝试避免犯同样的错误。就这样不断地纠错，直至相同的情况不再发生。

（2）总结知识：在错题本中记录你做错过的题目，可以让你在复习时更好地回顾知识点和相关概念，更深入地理解知识点，并增强记忆。通过总结和反思，你还可以逐步掌握、推导出更多的知识点和相关概念，进一步提高你的数学水平。

（3）提高做题能力：通过建立错题本，你可以不断巩固解题的技巧和方法，提高自己的做题水平和能力。当你遇到新的问题时，可以参考错题本，找出相似的问题，并尝试使用之前总结的方法和技巧来解决问题。随着不断地练习和总结，你会逐渐掌握更多的解题技巧和方法，从而提升解题的速度和准确性。

（4）建立信心：建立错题本可以让你看到自己的进步。当你看到自己能轻松解决之前做错的题目时，会很有成就感。随着不断地纠错和总结，你也会逐渐掌握更多的知识点和细节，从而建立起对数学这门学科的信心。

二、如何在考前、考后活用错题本？

其实，只需要掌握以下几点，数学考试提分是很容易做到的。

1. 考后整理错题，分类区别对待

考试后整理错题，要把握一个原则，就是"分类区别对待"。同学们可以根据考试的情况，把错题分成"完全不会的""一知半解的""粗心大意出错的"这三类。

对于前两类，同学们不仅要记录错题，而且要找到自己犯错误的根本原因，继而把错误真正消灭。如果你发现，自己犯错的原因不仅是不会解这道题，而是对这个知识点的理解掌握上本身就有问题，那么你不仅要弄懂这道错了的题目，还要找出课本，深入钻研这道题对应的知识点，在这个基础上，再来厘清错题。在此之后，同学们还可以再找一些同类型的题目来做，直到真正把这类题目都掌握了，任务才算完成。当然，如果你只是不会解题，知识掌握本身没有问题，那么可以直接先把错题弄懂，总结好解题思路，再去做同类型的题目进行巩固。

对于"粗心大意出错的"题目，同学们则并不一定要记录在错题本上，直接在卷子上做个标记，标注自己考试时候粗心

的原因，提醒自己避免在下次考试时犯同样的错误就可以了。

2. "多快好省" 整理错题

当同学们在一次考试中做错的题目较多时，该如何处理呢？不建议将每个题都如实记录，这样太耽误时间了。为了提高效率，大部分时候都可以选择剪裁试卷，将同类的相关错题直接粘贴在错题本上，在真正弄懂题目以后将易错点详细地写下来，再用红笔将自己的一些感悟或者相关的结论记录在此，这样就能知道自己考试时是如何出错的。大部分同学之所以容易在这些题目上出错，是因为陷入了思维定式，再次做这些错题时，可能有 50% 的题目还会以同样的方式出错，因此用红笔来记录一些当时的思路，可以帮助同学们在事后更好地规避相同的犯错情况，提升做题的正确率。

整理错题类型的时候，有一个好方法是根据知识点分门别类整理。这样每次你需要回顾哪一部分的错题时，就只需要看相应的内容就好。

同时，同学们也要注重错题本的使用效率和质量，不要只是简单地做题和记录答案，而是要仔细思考解题的过程和思路，并记录下来。只有如实记录自己的错误思路，才能让你的错题本真正区别于他人的，这样的错题本对你而言才是有作用的。

3. 考试前定期回顾错题本

学会在考试后整理错题本，就达到了活用错题本一半的效果；要是想达到另一半效果，还需要同学们定期回顾错题本上的知识点。

同学们平日里的大部分时间，可能被作业、课程等主要事务占据了，因此可以在每次考试前夕的自习课上使用错题本，回顾错题。先将所有的知识点复习完，再打开错题本，翻到对应的位置，把自己曾经出错的题目再做一遍。在复习了一遍知识后，通过做错题将复习的知识点融会贯通，这就是考前灵活运用错题本的作用。

建立错题本从来都不是一个一蹴而就的方法，而是一项持之以恒、水滴石穿的工作，只要坚持做下去，一定能得到巨大的收获。

小细节 03
善用草稿纸，节约一半考试时间

提分小档案

☐ **提分目标**：善用草稿纸，节约一半考试时间

☐ **解决问题**：不懂如何在考场上正确使用草稿纸

☐ **提分方法**：规范草稿布局，详尽记录过程，做好定位检查

同学们肯定听到过数学老师反复强调：必须规范地书写草稿纸。然而，仍有很多同学对此不以为意，坚持按照自己的喜好行事，完全没有把老师的建议放在心上。考试时，他们往往毫无章法地在草稿纸上乱涂乱写，就连自己回头去看时都毫无头绪。实际上，大多数同学根本就不会使用草稿纸。

一、何谓规范的数学草稿？

草稿纸并非仅为随意书写而设。

你的草稿纸上可能有大量的留白浪费，也可能有各种见缝插针的乱涂乱画，这是绝对不行的。正确的做法是，在草稿纸上的书写要尽可能整洁规范，尽量避免涂抹和涂画。

同学们的草稿纸至少要达到以下标准：你的草稿笔迹也许

不够整齐，但整体结构有序，逻辑清晰，写作态度认真。即使某一题目在计算过程中出现错误，回头寻找原因时也能清晰地定位到求解过程中错误出现的位置。

二、规范地进行数学草稿的益处

1. 便于核查

如果在考试答题完成后仍有富余的时间，你可以按照草稿纸上的演算顺序，重新审视重要步骤的计算，查找可能的错误，减少因粗心而丢分的情况。但如果此时你的草稿纸上杂乱无章，无法确定哪部分演算属于哪道题目，难道你还要为了核查而重复计算吗？比如，一些应用题求解要求保留小数点，这种烦琐的计算过程就应该在草稿纸上清晰体现，这样回头核查的时候就可以一目了然。

2. 思路清晰化

日本教育家多湖辉曾言："草稿纸是思考过程的履历表。"在考试过程中，难免会遇到一时间找不到解题思路的问题。这时，同学们可以再次仔细地阅读题目，把重要条件都罗列在草稿纸上，这样一来，就可以直观地分析问题与条件之间的关系。将解题思路呈现在草稿纸上，对寻找解题方法会有很大帮助。

3. 问题分析助手

考试结束后，若发现某道题目答错了，但无法回忆起当时的解题思路，无法确定自己的错误在哪里，该怎么办呢？寻找当时的草稿纸！草稿纸的演算步骤实际上是你解题思路的外在表现。找到问题所在，当然更容易纠正错误，也更有助于提升。

4. 有益于高考

好吧，这可能是非常重要的一点了。高考考场上草稿纸的数量是有限的，同学们大概都不愿意在考场上才恍然发现自己的草稿一片混乱，连自己都摸不着头脑吧？良好的习惯需要从现在开始养成。如果总想着下次吧，下次再说，"下次"将何时到来！因此，在平时的考试或写作业的过程中，要有意识地培养良好的学习习惯，打草稿就是其中重要的一环！

三、打草稿的"正确姿势"

1. 折叠处理

将草稿纸对折成两个窄长的长方形，使其在打开后形成中间的折痕，以有效利用纸上的空白部分。草稿纸上还要有分区或用分割线隔断，当两道题的草稿内容挨得太近时，一定要用分割线把题与题之间的草稿内容隔开，以免在试卷上作答时把 A 题的过程誊抄到 B 题的答题区域内。请一定合理地、最大化地利用你的草稿纸，否则，草稿纸不够用是非常麻烦的。

2. 标题编号

在草稿纸中为每道题目标上编号，以便查找答案和进行检查。考试时，如果遇到不太确定的题，要注明需要检查的环节，便于最后查漏补缺。无论是平时做数学作业，还是正式考试，都要在草稿纸上标记好题号，通过题号来定位在草稿纸上的位置，一目了然，方便快速查找。最常见的情况是针对有多问的大题，要将每一问分开写清晰，才能不混淆结果。

3. 详尽记录过程

在解题过程中尽可能清晰地写下详细的步骤，这对于避免常见的检查错误十分重要。因为有时候，即使问题很简单，不记录解题的过程也会导致自己无法发现错误。有的同学在打草稿时，喜欢随意挑选任何空白的地方，以至于在各个方向上都有草稿——那样草稿纸上就只剩"草"没有"稿"了。之后，连自己都找不到对应的笔迹，在考试中出现这样的草稿纸，绝对是不利于正确答题和检查错误的。

4. 检查草稿纸

在完成题目后，通过题号定位在草稿纸上的位置，进行检查。如果遵循前面提到的三个步骤，你就可以直接查看草稿纸上的记录，检查计算是否正确。如果没有错误，那就太好了，该题检查完成；如果发现错误，那也方便你快速找出错误，而不需要重新思考和计算。这样，就为你节省了大量的时间。

叶圣陶先生曾指出："教育的本质，在于培养良好的习惯。"其中，规范地打草稿作为一项基本的学习习惯，对同学们通过解题过程，培养专注、细致的品质是至关重要的。与文科不同，理科要求同学们更多地打草稿，以便整理思路并找出解题方法；尤其在数学、物理以及化学学科中，都需要进行大量的计算。除非你非常自信，认为自己的答案具有高度的准确性，否则复杂的计算是无法仅仅依靠口算或心算完成的。正确的做法一定是利用草稿纸进行计算。因此，在平时做题时，同学们就应当有意识地养成规范地打草稿的习惯，而不是临到考试时才匆忙学习和运用这项技巧。

请让草稿纸不"草"，更要变"草"为宝。

小细节 04
回顾历年真题，考试得心应手

提分小档案

- [ ] 提分目标：回顾历年真题，从容应对考试
- [ ] 解决问题：临近考试，想要快速提分
- [ ] 提分方法：制订真题练习计划，针对性突破薄弱知识点

　　在高中学习过程中，高考真题的练习在复习阶段起着不可替代的作用。当然，在高一和高二阶段，同学们还没有完整地学习高中阶段的知识，因此，如果过早接触高考真题可能会带来困惑。但是若同学们想在高考中取得高分，在备考阶段，刷近十年的高考真题是非常必要的。

　　做高考真题有两个目的。其一，可以提前体验考试情景，感受考试可能带来的紧张氛围。其二，通过做真题，查漏补缺，检验自己的复习效果。因此，做高考真题是每个考生的必经之路。

一、为什么需要回顾历年真题，考试才能得心应手

　　对于数学学科来说，在备战考试阶段回顾历年真题是一种

非常有效的学习路径。通过仔细研究过去的考题，同学们可以了解考试的重点内容和出题规律，从而有针对性地进行备考。下面，让笔者为同学们介绍回顾历年高考数学真题的三个最重要的理由，帮助同学们更好地理解这一学习策略。

首先，回顾历年真题可以帮助大家熟悉考试的题型，了解考试难度。每门考试都有其独特的出题方式和特点，通过研究历年数学真题，同学们可以更直观地了解考试的整体结构以及每种题型的要求。这样一来，在考试中就能更加得心应手地应对各种题目，不至于因为对题型感到陌生而产生困扰，或对考题难度感到惊讶，并因此陷入焦虑。

其次，历年真题可以展现考试的常考内容和重点。高考属于长期、稳定类型的考试，重要知识点或题型往往是重复出现的。通过仔细研究历年真题，同学们可以发现这些常考的内容是如何呈现的，并将它们作为备考的重点。这样一来，也就能有针对性地进行学习和复习，将有限的精力集中在那些最有可能出现的内容上，从而提高备考的效率。此外，通过分析历年真题中的答案和解题思路，同学们就有机会深入理解各类知识点的考查方式，加深对知识的理解和记忆。

最后，回顾历年真题还可以帮助同学们提高解题的思维能力和应变能力。在考试中，往往需要在有限的时间内做出正确的选择或回答——既要求快速解题，又要求具备高准确性。通过反复做历年真题，可以培养出快速分析问题、捕捉关键信息和解决问题的能力。在历年真题中也会出现一些较为新颖或复杂的情况，这就要求同学们具备一定的应变能力和灵活思维。总体而言，通过不断练习和思考，同学们可以提高自己的解题水平，在考试中更好地应对各种挑战。

因此，在备战考试时，千万不要忽视历年真题的重要性，而应该将其作为备考的重要参考资料，相信你一定会有所收获！

二、应该怎么回顾历年真题？

1. 组织资料和制订计划

首先，同学们需要先收集历年数学考题，包括真题和模拟考试的题目，这通常可以从学校老师、教材附带的习题册、互联网资源或题库中获取；其次，根据个人可用的时间和可承受的进度，制订详细的计划，安排每天或每周的复习时间，在这一环节，请注意合理分配时间给每个知识主题或章节；最后，根据教学大纲，确定需要重点关注的知识点和技能，并优先处理那些你感到困惑或不熟悉的内容。

2. 系统地解答和分析题目

首先，选择一套真题并将其当作考试来做，尽量从年份较早的试卷开始，然后逐年进行，这样可以渐进地提升自己做题和应对不同题目的能力。仔细阅读每道题目，并尝试自己独立解答。请不要急于查看答案。在解答过程中，记录下自己遇到的困难和错误，以便后续的分析和改进。完成解答后，比较自己的答案和标准答案，找出差异，分析自己的错误之处。剖析正确的解题方法和思路，确保自己理解和掌握每个步骤。如果有疑问，可以查阅教材、参考书籍，或请教同学和老师。

3. 针对性地加强薄弱环节

根据解题过程中的记录，找出自己在哪些知识点或技巧上还存在薄弱环节，从而进行有针对性的学习和练习。可以先阅读教材中相关的解释和例题，然后做更多的习题来反复练习。如果需要寻求他人帮助解答疑惑，则可以与同学一起组织讨论小组，互相交流和分享经验有助于加深理解；或者向老师请教。不要忽略定期复习已经掌握的知识点，以巩固记忆并确保长期记忆。

如今全国题卷的数学题中的有些题目是有规律的，比如，选择题和填空题的最后一两道题往往难度偏大，大题的出题顺序通常是三角函数、概率、立体几何、数列、圆锥曲线、导数等，通过做多套真题，就不难发现以上规律。

总的来说，通过以上三个步骤，你就能将刷历年高考数学真题的效用发挥到最大——既能解读数学高考在不同知识点上的出题频率、题目的难易程度，也能发现自己的知识点漏洞，找到合适的复习方法和应试技巧。

　　事实上，没有任何其他资料能比高考真题更准确、更直观地反映考试的综合信息。因此，通过系统地刷真题，同学们可以更好地应对高考，提高自己的成绩。

小细节 05
汇总易错知识点，集中解决易错题型

> **提分小档案**
>
> ☐ 提分目标：解决易错知识点和题型
>
> ☐ 解决问题：专攻易错考点
>
> ☐ 提分方法：分类整理易错点，延伸改编错题

　　不少同学常常面临以下状况：在考试后的老师讲解环节中，你懊恼地发现自己在这次考试中又在同个知识点或同类题目上出错了，而同样的错误此前已经发生过好几次了！你苦于自己总在某些知识点上出错，而自己依然找不到杜绝这种情况再次出现的方法。

　　有一种方法能够帮助你走出这种困境——针对错题，汇总易错知识点，从而彻底解决易错题。接下来，我们就来分析这种方法有效的原因，以及应该具体怎么做。

一、为什么需要汇总易错知识点，解决易错题型？

1. 重复的错误反映自己掌握知识的薄弱之处

　　实际上，检验每个人对知识掌握的程度，是考试的重要目

的之一。因此，在某些知识点上出错一两次是很正常的，并不需要慌张——比如，你在某次考试中，立体几何问题出错了。但如果你一连好几次在不同的数学测验中，都在立体几何类题目上丢分，那就值得注意了！这足以说明，你在这一部分的基础是很薄弱的，你的丢分并不只是因为粗心、计算量不过关等其他原因。

既然重复的错误反馈的是我们在某些知识点上的薄弱之处，那么通过汇总易错知识点，我们就可以清晰地观察到自己为何对这些知识点上掌握得不够牢固，既而加以重点关注，并加强对它们的学习和理解，直至完全掌握。

2. 找到短板，高效提分

通过对易错题型的全面、反复地分析，我们可以发现自己在解题思路、方法选择或步骤操作上的弱点。接着，我们有针对性地解决自己的所有短板，从根本上提升自己解题的准确性和复习效率，避免再次犯相同的错误。

3. 建立自信心，提高学习动力

汇总易错知识点和解决易错题型也有助于建立我们的自信心，提高学习动力。当我们有能力对自己的问题进行整理并解决短板时，我们会因为自己取得的进步收获成就感。这种成就感和自信感将激励我们更加积极地学习，面对困难和挑战，从而推动我们取得更好的成绩。就像在生物课上学到的"正循环原理"，你发现自己乐在其中，更加积极地推进整个流程的运行。

总之，通过汇总易错知识点和解决易错题型，能清楚地认识到自己的学习短板，并且有针对性地弥补漏洞，加以改进。这可以帮助我们增强对知识点的理解和掌握，提高解题能力，建立自信心，提高学习动力，最终达到提高成绩的目标。

二、如何汇总易错知识点，解决易错题型？

我们该怎么做，才能高效汇总易错知识点，解决易错题型呢？方法并不难，只要按照以下步骤进行，高分就在向我们招手。

1. 分类整理

将错题进行分类整理，我们可以根据知识点归属将错题划分为概率、立体几何、集合、解析几何、导数、函数等不同类型。当然，还可以按照错误的原因进行分类，如计算错误——算术运算错误、代入计算错误等；理解错误——对题目要求理解错误、对知识点掌握不足；方法选择错误——使用不恰当或者不精确的方法来解题；粗心大意——读题不细、答题时出现遗漏等。

分类整理还起到简化错题本，减少记录题量的作用。我们只需要记录每类错题中的典型，而不必记录每一道错题。

2. 记录方法

老师讲评试卷时，要留意老师对错题的全面讲解和分析，包括题目的引入语、解题思路、技巧、步骤和小结等。这样，你就可以在错题旁边进行注释，先写下自己解题时的思维过程，再对照老师的讲解，发现自己思维受阻的原因，并进一步分析。一开始，你可能会感觉比较困难，或者无法完整地写出思维过程，这时不必过于强迫自己，先用自己的语言写下小结即可。随着记录和总结次数的增加，自然会产生更多体会和心得，也就能逐渐厘清思维的障碍，即找到出错的真正原因。

3. 必要补充

前面所列出的工作只是开端，最为重要的工作在后头。我们要针对错题本中不同的错题类型，查找教材或其他教辅资料，寻找相同或相关的题型，对错题和知识点进行解答和验证。如果你在此过程中并未发现困难，说明你已经掌握了这个知识点；如果仍无法解决，那就需要进一步研究这个知识点和其中的问题。

4. 错题改编

这项工作的难度较大，需要慢慢积累经验，以便培养完成此任务的能力。每道试题都是出题老师编写的，既然老师能编写考题，学生当然也能学会如何修改题目。在错题改编的初级阶段，同学们只需对题目条件做一些简单的改动，就可以锻炼自己灵活运用知识点、探索新的解题思路的能力。这不仅是弥补知识漏洞的最佳方法，还可以大幅度提升自己的解题能力和数学素养。

　　汇总易错知识点、整理易错类型并不简单，甚至说是一项艰巨的任务，它要求我们拥有恒心和毅力，绝不只是为了完成任务而敷衍塞责。在整理易错题的过程中，花费时间的长短并不是最重要的，关键在于对相关错误知识点的整理和总结的质量。尽管这项工作做起来很烦琐，它的作用远不只解答某类错题那么简单，更为重要的是通过整理错题本，你将了解哪些知识点是你需要在未来的学习中重点攻克的，从而最终学会如何学习数学，研究数学。这样才能真正做到"吃一堑，长一智"。

小细节 06
掌握所有经典题型，简单题目不再失分

提分小档案

☐ **提分目标**：掌握经典题型，拿下大部分考试内容

☐ **解决问题**：对绝大多数题目的陌生感

☐ **提分方法**：理解题型本质，多做练习，总结归纳

　　在学习的道路上，经典题型扮演着不可或缺的角色，它们是巩固知识、提高技能的重要工具。无论在平日的学习还是考试中，经典题型都发挥着锻炼思维和应用知识的关键作用。出题人要考查你是否已经牢固掌握了某个知识点，最好的方法就是出题考考你是否能灵活运用这一知识点。将出现过的题目累积起来，我们就能从中获取对应知识点的经典题型。

一、为什么我们需要掌握经典题型？

1.真正理解知识

　　经典题型的重要性体现在多个方面。首先，它们为同学们提供了宝贵的实践机会。在解答经典题型的过程中，我们将学到的知识应用到具体的问题中，同时加深对概念和原理的理

解。这种实践帮助我们建立知识间的联系，培养使用不同解法解答问题的能力。比如，求解一元二次方程 $ax^2+bx+c=0$ 的固定解法是使用求根公式；除此之外，还有图象法、十字相乘法等方法。

其次，经典题型有助于培养逻辑思维能力。在解答题目的过程中，我们需要分析问题，寻找解决方案，并进行推理和推断。这种思维训练能够培养我们的分析能力和创造力，帮助我们更加灵活且有效地解决实际问题。

2. 学习是一个反馈过程

经典题型还为我们提供了反馈和评估的机会。通过解答经典题型，我们能了解自己对知识的掌握程度和在技能运用方面的能力。得出正确答案，可以增强我们的信心；出现错误答案，则可以引导我们找到薄弱点，并加以改进。这种循环反馈推动我们不断进步。

另外，我们要用正确的方式做经典题型，注意平衡。过分依赖经典题型可能导致只是"机械地记忆"或"死记硬背"，而忽视对知识的深入理解，缺乏批判性思维的培养。因此，我们在解答经典题型时，应该注重思考问题的本质，灵活运用所学，培养创新和综合能力。

二、掌握经典题型应该怎么做?

数学这门学科要求我们同时掌握基本概念和解题技巧。学会利用大量的经典题型,对掌握解题方法和技巧、提高数学能力至关重要。下面列举的三个重要方法能帮助同学们更好地掌握数学经典题型。

1. 深入理解题型的本质和解题思路

每种数学题型都有其独特的本质和解题思路。

理解题型的本质意味着要明确题目要求解决的问题类型,如代数方程、几何形状或概率统计等。一旦理解了题型的本质,就能更准确地选择适当的解题方法。

我们还需要了解该题型的典型解题思路,包括常用的公式、定理或方法。掌握上述的解题思路,有助于我们快速捕捉题目的关键信息,并采取相应的策略解决问题。这不仅要求我们仔细研究和理解各种经典题型,了解每种题型的特点、常见解法和关键概念,还要求我们牢固掌握数学的基本概念、定理和公式。

经典题型通常基于这些基础知识的展开,因此夯实基础知识是解题的关键。三角函数领域中最常出现的题目是解方程 $\sin x = \frac{1}{2}$,大部分同学都知晓自己可以利用三角函数的周期性与对称性求解,但要特别注意求解的范围——如果求解的范围是 $[0, 2\pi]$,那么 $x = \frac{\pi}{6}$ 或 $x = \frac{5\pi}{6}$。

另外，我们还需要了解和学习各类题型的解题技巧，其中就包括技巧性的步骤、常用的数学方法和推理方法。掌握这些技巧也有助于我们更快、更准确地解答问题。

2.多做练习题和模拟考试卷

掌握数学经典题型确实需要通过大量的练习来实现。同学们可以收集所学知识点相关的各种题目，并按照不同的题型进行分类。我们还可以更进一步地挑选不同难度级别的题目，并在分类时按照难度逐步增加排列。我们要多做、多练，以适应各种挑战。

如果遇到难题或困惑，不要犹豫，立刻寻求帮助。我们可以向老师、同学或在数学社区里分享自己的困惑，寻求解答和解释，以加深对问题的理解。

例如，只要给出定直线 $y=mx+c$ 和点 $P(x_0, y_0)$，就可以利用距离公式求点到直线的距离。但是在考题中，一般不直接针对某明确的点和某明确的直线做考查，而往往以类似于"在某种情况下怎么做，距离最短"这样的问题形式呈现出来，这就是经典题目的应用。因此，通过做大量的练习题，我们能提高对经典题型的熟悉程度，并锻炼自己对题目的理解和解答的能力。

此外，多参加模拟考试也是提高解题能力的有效方法。模拟考试可以帮助我们熟悉考试的时间限制和答题技巧的应用，并检验自己在不同题型上的掌握程度。

3. 总结归纳，建立解题框架

针对不同的数学经典题型，我们可以通过总结相似题目的解题思路和方法，将它们归类到相应的框架中。这样做的好处是，可以快速找到解题的出发点和关键步骤，提高解题的效率和准确性。以组合题目"从 5 个不同的元素中选取 3 个元素的组合数"为例，我们可以利用组合公式进行计算；但这通常只是大题中的一小步，计算得出的结果往往只是中间值，离我们需要的最终答案还有一段距离。

此外，建立解题框架还有助于培养数学思维的系统性和逻辑性，为解决更复杂的问题打下基础。在日常学习中，我们在解答完一道题目后，总结归纳其中所用的方法和关键步骤，有助于加深我们对题型的理解，并在长久的学习中，为自己汇聚一本备忘录，方便为日后遇到的类似题目作解答参考。

我们还可以针对每道题，尝试从不同的角度来思考和解决。经典题型的解答方法通常不只一种，尝试以多种不同的方法解答经典题型是在加深我们对问题本质的理解。

总之，掌握数学经典题型需要深入理解题型的本质和解题思路，我们可以通过大量的练习、参加模拟考试来提高解题能力，并且，通过建立解题框架来加强解题的系统性和逻辑性。在持续的学习和实践过程中，你会逐步掌握解答数学经典题型的技巧，并运用得更加得心应手。

记住，数学是一门需要不断练习和探索的学科，坚持下去，你就一定会取得进步！

第二章

各类题目，
掌握解题技巧

小细节 07
解答题没有思路？从图象中寻找答案

提分小档案

- [ ] 提分目标：利用题目有效信息快速解题提分
- [ ] 解决问题：解题没有思路，难以理解题干
- [ ] 提分方法：运用图表、几何图形、数形结合辅助解题

　　学习数学，不可避免地要跟许多图形、图象打交道，无论是几何题中各种稀奇古怪的图形，还是概率题中形式各异的图表，抑或是解析几何中复杂多变的图象，它们与题目中的文字描述一起，将题目信息完整地呈现出来。如果不加以利用，我们很可能会被乍看之下觉得困难的题目难倒；而实际上，有了图形信息的辅助，难题往往就能迎刃而解。因此，图形信息是解题的"第二帮手"。

一、为什么说图形能帮助我们解题？

　　函数在高中数学中占有很重要的地位，下面我们就以高中阶段的函数题为例，详细说明图形、图象是如何帮助我们解题的。

从内容来看，很多数学题都涉及函数，使用函数是我们解题的一种重要方式，因此，函数具有很强的应用性和分析价值。从难易程度来看，函数的延展性比较强，既可以简化，又能涉及较难的知识点；从题型来看，函数题型丰富多变，既能以填空和单选的形式出现，简单考查某一知识点，又能以解答分析题的形式出现在试卷的最后，考查与函数相关的多个知识点及函数和其他知识点的联系等；从学习意义来看，函数不单能独立地作为数学学科中的重要内容，还广泛应用于物理、经济学等学科。综合来看，对函数的学习和使用不会只停留在高中阶段，升入大学后，很多专业知识也都涉及函数。

1. 利用函数图象，培养图象思维

函数与图象是密不可分的，函数是图象的表示，图象是函数的体现。同学们学习函数，应该养成使用函数图象解题的习惯。老师们在函数的教学过程中，往往以培养学生的图象思维能力为基本原则，养成学生使用图象解题的习惯，有能力利用函数图象分析语言，达成在短时间内利用少量运算就获取函数题答案的目标。在解决函数相关的问题时，直接观察函数图象往往就能迅速抓住函数的特性，如极值点、零点和交点等。例如，通过观察一条抛物线的图象，我们可以直接确定它与 x 轴的交点和开口方向。

2. 利用函数图象，培养解题技巧

发挥函数图象解题思维要以扎实的解题技巧为基础。俗话说："巧妇难为无米之炊。"在真正面对函数题的时候，光有利用图象解题的思维，缺少解题的实战技巧，就很可能不知所措；只有将图象解题思维和实战技巧良好结合，才能成功解题。因此，在解题时，同学们可以先根据题目和其中的重点画出函数图象，再利用图象，迅速而准确地确定函数的解析形式，找到合适的解题方式，从而快速解题。例如，通过观察某个函数图象与 x 轴的交点数量，就可以立刻判断对应方程的根的数量。

3. 利用函数图象，培养数形结合意识

函数与图象是不可分割的，我们可以利用函数图象来培养自己数形结合的意识。比如，利用函数图象化的特性，将特性表现在函数图象中，便能逐渐形成看到图象就可获得表达式的技能。其他类型的题目也是类似的道理，只有真正做到数形结合，才能将图形信息完全利用到。通常，通过观察函数图象的上升和下降部分就可以帮助我们判断函数的单调性，进而分析出导数的图象。

二、如何利用"第二帮手"帮助我们解题？

既然图表、图象之类的辅助工具，被称作解数学题的"第

二帮手"，那么说明这些工具能帮我们把数据等清晰地可视化呈现出来，从而帮助我们更直观地理解问题、分析数据，并找到解决方案。让我们一起来看下面的三个实例，共同探讨如何有效地利用"第二帮手"解决数学问题。

1. 图表辅助

图表是一种有效的辅助工具，用于对可视化地呈现数据和对数据进行分析。例如，在统计学中，我们可以使用条形图、折线图或饼图来展示数据的分布，比较不同数据集之间的关系，并观察趋势。在概率问题中，通过条形图或折线图，我们可以直接观察数据的趋势和特征，而无须深入每个具体的数据点。这些图表都能帮助我们更直观地理解数据，发现数据的特征，继而发掘其中的规律。通过分析图表，我们可以得出结论、提出假设，并根据观察结果制订解决方案。

2. 几何图形

在解决几何问题时，图象提供了尤其强大的辅助。通过绘制几何图形，我们可以更简单明了地理解问题的条件和要求。例如，在解决三角形问题时，我们可以绘制三角形的图象，并在图上标注角度、边长等信息。这样做能帮助我们直观地理解几何性质，并找到解决问题的线索。此外，我们也可以利用图象进行推理和证明，建立几何定理的逻辑链条，从而得出准确的结论。通过深入观察图象，我们还可以发现其中隐藏的模式和关联，从而解决更为复杂的几何问题。

3. 数形结合

在解决方程和不等式时，函数图象也发挥着重要的作用。我们可以通过绘制函数的图象，观察函数与坐标轴的交点、变化趋势和特殊点，解方程与不等式。例如，对于线性方程，我们可以绘制两条直线的图象，再通过观察它们的交点来确定解的情况；对于二次函数的不等式，则可以绘制抛物线的图象，观察函数在不同区域的取值情况。我们可以观察到，图象之间的交点恰恰就是这个方程有解的情况。这也就是为什么我们能通过图象更直观地理解方程和不等式的原因。

数学是一门抽象的、具有挑战性的学科，它需要逻辑思维和解决问题的技巧。而合理利用图表、图象及其他辅助工具来辅助呈现和分析数学概念，为我们理解和解决数学问题提供了极大帮助。

小细节 08
分步解决压轴大题，多拿分数不是梦

　　许多同学会产生这样的困惑：一方面评估自己的数学基础知识是比较扎实的，另一方面却发现自己每次考试的成绩都停留在中低水平，难道能取得数学高分的人都是天才吗？这是因为你尚未解决每次考试压轴的难题！

　　压轴题的分值在考试总分里占据较大的比重，难度相对高，它是数学成绩是否能跃层的分水岭。能否应对压轴题，直接决定着同学们是否能冲刺高分！因此，基础较好的同学始终在孜孜不倦地攻克压轴题和难题。然而，这其中有很多同学都反映，不管自己怎么刷题，似乎都没有什么效果，自己每次考试的得分仍维持在原有的分数段。

　　这是因为数学压轴大题旨在考查学生综合运用知识的能力，题目条件隐蔽，涉及知识范围广泛，涵盖众多的知识点，关系复杂，所以同学们不容易找到正确、清晰的解题思路。而实际上，压轴题的解法往往也是灵活多样的。

一、应对压轴题的几种数学思想

1. 数形结合思想

数形结合思想是指通过几何直观的角度，利用几何图形的性质研究数量关系，寻求代数问题的解决方法（以形求数）；或者利用数量关系研究几何图形的性质，解决几何问题。在解析几何中，题目给出一个函数图象，求函数的极值点或与坐标轴的交点等。我们可以先画出函数图象，直观地从图象上得到答案的大致范围或关键信息，然后进行计算验证。

2. 函数与方程思想

从数量关系入手，设定适当的未知数，将已知量和未知量之间的数学关系转化为方程或方程组的数学模型，从而解决问题。在代数中，假设给出某个物理问题，例如，两车相对运动的问题，则可以设立时间 t 为未知数，建立两车的距离方程，然后解方程找到答案。

3. 分类讨论的思想

在解答某些数学问题时，可能会遇到多种情况，需要对各种情况进行分类，并分别求解，然后综合得出解答。以解方程 $\sqrt{x^2-a^2}=x-a$ 为例：对于 a 的取值，我们可以将其分为 $a>0$、

$a=0$、$a<0$ 三种情况来讨论，并分别得到不同的解。分类讨论法是一种逻辑方法，也是重要的数学思想和解题策略。

4. 等价转换思想

在研究数学问题时，我们通常将未知问题转化为已知问题，将复杂问题转化为简单问题，将抽象问题转化为具体问题，将实际问题转化为数学问题。因此，转换思想是解决任何数学问题的重要手段。假设我们遇到一个复杂的四边形问题，可以尝试将这个几何问题拆分为自己熟悉的三角形或矩形，然后分别计算这些简单形状的性质，最后合并得到答案。

5. 抓住得分点思想

即使无法解答整道压轴题，也并不意味着"一无所知""一分不得"，我们要学会将整道题目的解题过程转化为每一个得分点。在计算一个复杂导数题时，哪怕不能完全解出，但可以将其拆分，先处理其中的某部分，比如，先进行部分求导、换元等——每一步的完成都可能给你带来部分得分。中高考的评分标准都是根据题目考查的知识点进行给分的，只要解决了对应的知识点，抓住了得分点，就可以得到相应的分数！

二、解答压轴题的参考步骤

一旦提到压轴题，可能大部分同学都要产生畏难心理了，只觉得"最后一题肯定非常困难，以我的能力绝对做不出来"；

甚至还有一些同学从来不看压轴题，因为他们并没有做最后一题的时间。而实际上，只要通过科学的方法来作答，即使你不能完全解答复杂的压轴题，也能够拿到占比高达 80% 的分值！

解题并得分的方法其实很简单，关键在于你是否掌握了正确的思路。首先，我们需要理解一件事情——压轴题是没有固定解题技巧的，因为它们的题型和知识点都是不固定的。其次，一般的数学问题仍是存在解题技巧的。美籍匈牙利数学家波利亚在他的著作《怎样解题》中，清楚地拆解了数学家解决难题的步骤，我们可以将之作为参考。

1. 弄清问题

确定未知数、已知数和条件；

判断条件是否可能满足；

确认未知数和条件是否充分、不充分、多余或矛盾；

绘制图表，并引入适当的符号；

将条件分开，能否将它们写下来。

以立体几何题为例，假设题目给出一个三视图，要求找出这个立体图形的体积。那么，我们首先要明确这个立体图形是什么形状，然后标记出其各个维度。

2. 拟订计划

找出已知数和未知数之间的联系。如果找不到它们之间直接的联系，则需要考虑采用辅助问题，从而最终拟订出解题计划。

向自己提问以下几个问题：

之前是否遇到过相同问题或稍有不同的类似问题？

是否了解与此相关的问题？是否了解可能会用到的定理？

从未知数入手，想象一个熟悉的问题，它是否具有相同或类似的未知数？

是否存在与当前问题相关且已解决的问题？

是否可以利用它？是否可以利用其结果？是否可以利用其方法？是否需要引入辅助元素？

是否可以重新叙述问题？是否可以用不同的方法重新叙述？

回到定义。

例如，在解三角函数题目时，看到题中有根号，我们就可以考虑是否能用半角公式或倍角公式进行转化，将考题转化为我们更加熟悉的形式。

3. 实施计划

实施解题计划，检查每个步骤。

是否能够清楚地看出每个步骤的正确性？是否能够证明每个步骤的正确性？

压轴大题考查的是考生的综合能力，涉及许多知识点，但考试都有一定的考查知识点标准。要让解题步骤卡在相应的知识点上。

例如，在求解压轴的导数不等式时，假设我们选择了试点法，那么按照策略，首先要解出关键点，其次选择测试点进行检验，最后得出解集。

4. 检验结论

检验所得解的正确性。

是否能够验证论证？是否能够用其他方法得出相同结论？是否能够直观地理解结论？

是否可以将结果或方法应用于其他问题？

例如，在求导数题时，得到一个答案后，我们就可以通过代入趋近值的点，看看是否与预期的答案相符，以验证答案的正确性。

以上步骤对成功解题至关重要，要在解题过程中一一做到，则要求我们至少牢固地掌握基础知识。假如在思考时无法想出定义，找不到与题目相关的知识内容，一切努力都会徒劳无功。同时，同学们对自己做过的题目要有深刻的记忆，否则也无法将解题方案类比到其他题目上。另外，在解题过程中，不仅要知其然，还要知其所以然，这样才能将解题思路扩展应用到其他的题目上。最后，我们也需要一些运气。有时候，运气也是解题成功的关键。

小细节 09
掌握正确方法和思路，快速得到填空题答案

提分小档案

☐ **提分目标：** 填空题快速得分

☐ **解决问题：** 在填空题上浪费太多时间

☐ **提分方法：** 4 种高效解题法，助力填空题准确快速提分

数学考试中的填空题是一种客观性试题，它们占据试卷的三分之一，不要求我们写出解答过程，只要求给出结果。与选择题相似，填空题的特点是：题目短小精悍，知识涵盖面广泛，形式灵活，答案简短明确，评分客观、公正、准确，等等。

填空题包括完形填空题、多选填空题和条件与结论开放的填空题。解答填空题时，需要准确、迅速和整洁。准确是解答填空题的前提，一步错误将导致全题无分，因此我们要仔细审题、深入分析、正确推演并避免疏漏，确保准确性；迅速是获得高分的必要条件，我们应该将填空题的总体答题时间控制在 20 分钟左右，尽量避免超时失分；整洁是保证得分的充分条件，只有将正确答案整洁地书写在答题纸上，才能确保阅卷

教师正确批改，对于网上阅卷形式来说，卷面整洁则显得尤为重要。

一、快速解答填空题的方法

数学填空题主要包括计算型和概念判断型的试题。解答时，需要按规则进行准确的计算或逻辑推演和判断。解答填空题的基本策略是在准确、巧妙和快速上下工夫，常用的方法包括直接法、特殊化法、数形结合法和等价转化法等。

1. 直接法

直接法是解答填空题的最基本、常用的方法，从题设条件出发，利用定义、定理、性质、公式等知识，通过变形、推理、运算等过程，直接得到结果。使用直接法解答填空题时，需要善于从现象看本质，熟练应用解方程和解不等式，并采用灵活、简捷的解法。这通常应对最简单的题目，一眼就可以看出解法，甚至答案。例如，求三角形的面积，已知底和高，就可以直接使用面积公式计算。

2. 特殊化法

特殊化法适用于填空题的结论是唯一值，或题设条件中提供的信息暗示答案是一个确定值的情况。在已知条件中含有不确定量时，可以选择一些符合条件的特殊值（如特殊函数、特殊角、图形特殊位置、特殊点、特殊方程、特殊模型等）进行处理，从而得出探求的结论。这样可以大大简化推理和论证的过程。这种方法经常用在给定一个多项式方程，当某一特殊值使方程成立，即为解。

3. 数形结合法

"数缺形时少直观，形缺数时难入微。"数形结合法指的是将抽象、复杂的数量关系通过图形直观地揭示出来，以达到"形帮数"的目的。同时，我们也可以利用数的规律和数值计算来处理图形，达到"数促形"的目的。对于含有几何背景的填空题，如果能够将数与形结合起来，以形助数，往往就能简捷地解决问题，得出正确结果。以求几何形状的面积为例，就可以将其分割为更易于计算的小的部分，再综合得出结果。

4. 等价转化法

等价转化法是通过将问题等价转化成便于解决的问题，从而化复杂为简单、化陌生为熟悉，然后得出正确的结果。例如，我们可以利用三角函数的等价关系，将复杂表达式转化为简单形式，从而更快速地得出结果。

二、快速解答填空题的思路

填空题不提供备选答案，这避免了选项起暗示或干扰的作用，考生也没法靠瞎估乱猜侥幸选中正确答案。从这个角度看，填空题相较于选择题更能考查出学生的真实水平，事实上，在考查同样的内容时，填空题的难度也通常比选择题略大。因此，我们在了解填空题的几种解题方法后，还需要梳理清楚数学填空题的解题思路。

1. 先易后难

同学们应该采取先解答简单问题，再解答综合性问题的策略。在解题过程中，要按照实际情况，果断跳过那些对自己来说难度过大的题目。按从易到难的顺序解题时，要保持认真的态度，力求高效解决问题，既要避免只浏览题目而不深入思考，也要避免因解答不出难题产生的挫败感而影响继续解题情绪。总体来说，做一张考试卷的时候，首先从简单题开始，其次处理中档题，最后再解答压轴难题。

2. 先熟后生

在阅读全部的相关题目后，我们会收获很多有益的、积极的东西，同时也会发现一些不利因素。对于后者，不要惊慌失措——难题对所有的考生都具有挑战性。我们可以通过以上的心理暗示，确保情绪稳定。在全面掌握试题的结构之后，先解答那些自己熟悉的题目，即内容熟悉、题型结构清晰、解题思路明确的题目。这样做，可以先轻松地处理熟悉的题目，这时也能保持思维的流畅，以充分发挥自己的能力，来应对后面中高难度的题目。假设你在试卷中遇到了关于数列和立体几何的题目，而你对数列的内容比较熟悉，那么就先答与数列相关的题目，之后再处理立体几何题。

3. 先同后异

将同一知识点的题目安排在一起解答，有助于集中思考，便于把知识和方法相互联系，提高单位时间的效率。高考考题涉及知识点丰富，因此要求考生的思维能在不同知识领域中快速切换；而采用"先同后异"的策略则可以避免这种切换过于频繁和仓促，减轻大脑负担，保持精力。假设试卷中有多个与三角函数相关的题目，我们就可以先集中解答这些题目，再切换到与其他知识点相关的题目。

4. 先小后大

小题包含的信息量通常较少，计算量也较小，易于掌握和答对。我们不应轻易放过这些小题，而应该争取在处理大题之前，尽早解决它们，以便为解答大题赢得更多的时间，并为自己创造轻松的心理状态。

小细节 10
不用真正算出结果，选择题也能快速拿分

提分小档案

☐ 提分目标：选择题快速得分

☐ 解决问题：选择题浪费太多时间

☐ 提分方法：6 种方法巧解选择题，省时省力高效提分

　　选择题在数学考试的总分中占 30%—40%，是我们最常见的数学题的形式之一，每道选择题的分值之大，常令广大同学们直呼："错不起！"不仅如此，在考试有限的时间里，能分配给选择题的时间其实并不多，我们必须将之控制在一定的时间内，否则就会压缩后面做填空题和大题的时间。

　　虽然时间紧、任务重，但想要靠选择题拿高分，还是相对比较容易的。毕竟选择题不要求我们写出计算步骤——可以靠"蒙"、靠"猜"，甚至靠"运气"！

一、练习与解答选择题的关键点

1. 选择题平时这样练，考试轻松得高分

　　选择题一般考查学生对概念的掌握、常识的积累、题目的

分析能力，所以同学们一定要对课本中的定理、公式、例题、概念和原理熟练掌握。只有对知识点足够熟悉，才能又快又精准地解答这些选择题；对于考查题目分析能力的题，只要平时上课注意听老师讲解，一般都可以轻松掌握。

考试前几天，同学们可以每天刷一组数学选择题，以此练"题感"。做题时，给自己设置一段固定的时间，比如，将完成 12 道选择题的用时设置为 40 分钟，以此锻炼自己的做题速度和正确率。这样，才能在考试时用最少的时间拿到最高的分数！

刷完题后，要将反复出错的题记录到错题本中，总结错题原因和经验，留意常设陷阱的知识点，还要时常复习，这样你就能在大考时避开很多"坑"。

2. 做选择题又快又准的技巧

你是否觉得做选择题就要按照 A、B、C、D 的顺序，一项一项来判断呢？其实不然，正确答案通常隐藏在后方，倒着看选项往往效率更高。而如果已经确定了正确答案，剩下的选项就可以不看，节省出的时间用于做之后的题目；我们还要善于用二级结论（课本上没有出现，但可以通过推导得出的非常常用的结论，比如，正四面体的表面积、体积公式等）。尤其对几何题和函数题来说，以上方法非常实用，能帮你省下更多时间，为后面的大题做准备。

3. 答题注意事项

做选择题时，要尽量按照题目顺序作答，以免丢题漏题。审题要仔细，注意题目中的要求"正确的是""不正确的是""错误的是"，否则一不留神就容易看错。对于一时间没有把握的题目可以先跳过，但要在草稿纸上备注题号，方便之后复查。

做完选择题后，一定要注意及时将答案涂到答题卡上，并且检查有没有涂错，避免出现该涂 A 却涂成了 B，或者将第二题的选项涂到第三题上的情况。

如果你盯着一道选择题超过了 3 分钟，那么说明自己是真的不会做，不要在它上面耽误更多的时间。建议你凭运气选一个看着顺眼的选项就行。千万别空着，只要选上一个答案，你就有四分之一的概率可能蒙对，但空着肯定是零分！

前三道选择题，你很可能因为刚开始考试的紧张心理，或为了抢时间，往往用不到 3 分钟、最多不超过 5 分钟就做完了。所以，这三道题的准确率是很低的，建议同学们在情绪稳定后，一定要复查！

数学大考通常要求在 120 分钟内完成 150 分的题目，时间相当紧张，尤其是在那样紧张的气氛下，同学们做复查的可能性实在渺小；就算挤出了复查的时间，也绝算不上充足。因此，同学们在解题时要力争一次到位，不要过分寄希望于复查。如果你有时间复查，但对复查时得出的答案不是特别有把握，最好也不要轻易改动自己第一次得出的答案，要相信自己的第一直觉。

二、快速解答选择题的几种方法

除非真的智力超凡，否则在一般情况下，在考试中完完整整地思考并解答数学高考卷上的每一道题，时间是不太够的。对于试卷后部分的大题，要提速答题是很困难的，因此我们只能在选择题和填空题上寻求突破，要答得"快、巧、准"。以下是几种快速巧解选择题的方法，可供同学们参考：

1.蒙题法

高考是为了选拔人才的考试，题目的设置势必存在一定区分度，有些选择题就是用来拉开考生分差的，一般设置为第11题或第12题。对于这些题，同学们能做多少就做多少，别在其中浪费时间，不会就"猜"、就"蒙"！同学们可以通过推导、猜测出题人的思路，凭第一直觉选择自己认可的答案。

示例：

已知函数 $f(x)=ax^2+bx+c$ 在 $x=1$ 处取得极小值，那么 a, b, c 的关系是（   ）。

A. $a>0$　B. $a<0$　C. $b=2a$　D. $b=-2a$

如果你完全不知道如何找函数的极值，那么可以根据直觉选择一个答案。例如，你可能会直接选择 A，因为你知道 $a>0$ 会使抛物线开口朝上。

2. 特殊值法

这类题目可以通过选取一些特殊值、特殊点、特殊函数、特殊数列、特殊图形、特殊位置、特殊向量等内容对选项进行验证，从而否定并排除不符合题目要求的选项，间接地得到符合题目要求的选项。用特殊值法解题时要注意：

（1）所选取的特例一定要简单，且符合题设条件。

（2）特殊值法只能否定一般，不能肯定一般。

（3）当选取某一特例验证后，出现两个或两个以上的选项都正确时，要根据题设要求选择另一个特例代入检验，直到找到正确的选项为止。

示例：

已知 $f(x)=ax^2+bx+c$，若 $f(1)=0$，那么哪个选项一定正确？（   ）

A. $a+b+c=0$ B. $a+b-c=0$ C. $a-b+c=0$ D. $a-b-c=0$

选择 $x=1$ 代入，可以迅速得到答案 A。

3. 排除法

用于拉开考生分差的题目，其中设置的条件一般多于一个。我们可利用排除法，先依据条件排除明显矛盾的选项，再根据另一些条件在已经被缩小的选项范围内继续找出其他矛盾选项，并逐步排除，直到得出正确的选项。排除法适用于不易直接求解的选择题。

示例：

下列哪个是不等式 $x^2-4x+4>0$ 的解？（　　　）

A. $x<0$　　B. $x>4$　　C. $0<x<2$　　D. $x=2$

根据不等式的形式，我们知道它是一个完全平方，所以 D 显然是错误的。A、B、C 则需要进一步验证，因此利用不等式的性质，继续排除，直至得出其中正确的唯一选项。

4. 估算法

估算法指估摸着计算，通过大体估值、目测等手段，进行粗略、近似的计算而获得正确答案。我们要尽量有效地避开"小题大做、费时费力"的逻辑推理过程，达到简洁、快速、合理、准确的解题目的。在新高考模式下，更是倡导命题方向往"多考点儿想、少考点儿算"这一基本理念靠拢。

示例：

与 $\sqrt{50}$ 的值最接近的数是（　　　）。

A. 6　　B. 7　　C. 8　　D. 9

由于 $7^2=49$，答案很可能是 B。

5. 推理分析法

如果题目询问的是关于逻辑的内容，比如，推导充分必要条件、判断选项中正确或错误的一项等，我们可以利用选项之间的互斥性来筛出正确的结果。当然，这种推理分析过程同样也需要同学们牢固掌握基础知识。

示例：

如果 f 和 g 都是偶函数，则 $f+g$ 是什么类型的函数？（　　　）

A. 奇函数　　　　　　　　　B. 偶函数

C. 既不是奇函数也不是偶函数　　D. 不能确定

根据偶函数的定义和性质，可以推断出两个偶函数相加的结果仍然是偶函数，所以选择 B。

6. 趋势分析法

对于比较大小或者确定位置这类问题，我们只要对数值、位置进行估算，或者根据变化趋势来发现结果，这样可以避免精确计算和严格推演，这些过程比较浪费时间。对于一些不确定的问题还可以"化静为动"，在运动中寻找规律。更具体来说，趋势分析法就是把复杂问题转化为较简单的问题，求出答案的近似值，或把有关数值扩大或缩小，或把有关图象大致地画出来，从而对运算结果（图象）确定出一个范围或作出估计，进而判断选项的方法。趋势分析法的关键是确定结果所在的大致范围，否则"趋势"就没有意义。这往往可以减少运算量，但本质上要求我们加强思维的层次。

示例：

已知函数 $f(x)=x^3-3x^2+2x$ 的图象，在 $x=0$ 和 $x=2$ 处与 x 轴相交。那么 x 的第三个根的范围是什么？

通过分析函数在 $x=0$ 和 $x=2$ 之间的变化，以及 $x>2$ 时的情况，可以得出第三个根在 1 和 2 之间。

以上的示例题目仅仅为了说明每种方法的基本思路。在实际考试中，选择题的难度和复杂性可能会更高，所以熟悉并掌握各种方法是非常重要的。

小细节 11
"灵活应变"，选择题得高分的答题技巧

提分小档案

☐ 提分目标：在选择题中得高分

☐ 解决问题：解题没有思路，抓不住重点

☐ 提分方法：挖掘隐含条件，多角度解答选择题

每年高考来临时，每位考生都渴望充分展现自己的实力，避免错误和失分。因此，熟练掌握基本的答题技巧成为获取高分的关键要素。下面我们将剖析选择题的常见题型，介绍有助于提高选择题得分的解题策略。

一、选择题的常见题型

1. 强调概念性

数学中的每个术语、符号，甚至惯用语，通常都具有明确、具体的含义。选择题同样反映这种概念性强的特点，试题的陈述和信息传递以数学学科规定和惯例为依据，绝不追求新奇与独创。假设一道题目问："哪个选项是奇函数？"这要求你明确地知道奇函数的定义，并根据选项进行判断。

2. 突出数量关系

数量关系的研究是数学研究的重要组成部分，也是数学考试中的主要内容之一。高考数学选择题中，定量题占据很大比例。虽然有些定量计算题看似简单机械，但实际上涵盖了对概念、原理、性质和规律的考查，将这种考查与定量计算结合起来，就形成了数量突出的试题特点。比如，给出一个二次函数的图象，要求判断其开口方向及判别式的性质，这就需要你了解数量关系是如何影响图象特性的。

3. 充满思辨性

这一特点源于数学高度的抽象性、系统性和逻辑性。作为数学选择题，特别是用于选择性考试的高考数学试题，几乎不能仅凭简单计算或直观感知就得出答案。大多数高考数学选择题都要求考生具备一定的观察、分析和逻辑推断能力。思辨性要求贯穿考题的方方面面。如果考题中问哪个选项是某个命题的逆命题，你就需要对命题和逆命题的逻辑关系有深入的理解，才能答对。

4. 兼具形与数

数学不仅涉及数，还涉及图形。对数与图形的讨论与研究不是孤立分开的，而是相互融合的。高考数学选择题反映了这种形与数兼具的特点，比如，几何选择题中常常涉及代数问题，代数选择题中又常常涉及几何图形。因此，数形结合与形数分离的思维是高考数学选择题的一种重要且有效的解题方法。例如，有些题目可能要求考生根据给出的代数式子画出其图象，或者从图象中得出某个代数关系。

5. 多样的解题方法

与其他学科相比，数学中的"一题多解"现象更为突出，尤其是选择题。由于数学选择题提供备选项，这给予考生丰富且有用的信息，具有相当大的提示作用，为答题提供了广阔的可能性和方法。隐藏其中的巧妙解法有助于考查考生的深度思维。比如，求一个函数的极值，你既可以用导数方法，也可以用配方法或者其他合适的方法。

二、选择题的解题策略

1. 注意审题

多次阅读题目，明确题目的要求和已知的条件，厘清求解目标与已知之间的关系，确保在开始答题之前自己理解清楚了题目的要求。如果你正面对题目"函数 $f(x)$ 在哪个区间上增减？"，要确保你明白它是问增还是减，而不仅仅找到增减的交界点。

2. 不按题号顺序答题

如同我们先前提及，可以先从熟悉的题目开始作答，通过解答熟悉的题目，让自己迅速进入解题状态，并激发解题的热情和欲望，然后再解答陌生或不太熟悉的题目。如果还有时间，就继续尝试解答那些不太确定或无从下手的题目。这样做可以超水平发挥自己的实力。如果你先遇到一道复杂的证明题，而后面才是你熟悉的计算题，那么就先做熟悉的题目以建立信心。

3. 巧用基础知识

大多数数学选择题都可以通过直接的方法解答，因此要注意理解和运用符号、概念、公式、定理和性质等。例如，函数的性质、数列的性质等都是常见的考点。

4. 挖掘隐含条件

题目中的隐含条件是容易导致错误和混淆的地方，例如集合中的空集、函数的定义域、应用问题的限制条件等。在解决函数问题时，务必注意函数的定义域，确保不在禁止的区域内。

5. 采用多种解题方法

不拘泥于特定的解题思路，多种方法组合运用。高考试题强调考查解题能力，小题要精简，注意灵活运用数形结合、特殊值（包括特殊数值、特殊位置、特殊图形）、排除法、验证法、转化法、分析法、估算法、极限法等方法。一旦思路清晰，就迅速作答。不要在一两个小题上耗费过多时间，避免小题占用过多的时间和精力。万一确实找不到思路，也要保持信心，坚持做出选择，即使是"蒙"，也有 25% 的成功率。

6. 控制时间

同学们最好用 25 分钟左右完成选择题，一般不要超过 40 分钟，争取做到迅速又准确。这样可以为后续做解答题留下充裕的时间，避免因超时而失分。

小细节 12
"直击结果"，填空题得高分的答题技巧

　　填空题和选择题两者之间既有相似之处，也分别有独特之处。以上两种题型都具有形式简短、考查目标明确、答案具体的特点，不过由于填空题不提供备选项，更侧重考查考生能否独立地思考和解决问题。这在一定程度上提升了答题的难度，也同时考验考生的理解力和细心程度。

　　本文将深入分析填空题的特点与考点，探讨有效的解题策略，使同学们能够在考试时从容地应对填空题。另外，同学们还可以通过积极的心理暗示增强自己的信心，就一定能在考试中取得优异的成绩。

一、填空题的特点

　　填空题和选择题都属于客观题，它们具有许多共同特点：

题目形式简短而精确，考查目标明确，答案简洁、明确、具体，无须填写解题过程，评分客观、公正、准确等等。然而，填空题和选择题也有一些不同之处。

首先，填空题没有备选项，因此考生在解答时，既不会受到诱导性干扰的影响，也没有提示的帮助。解答填空题需要考生独立思考和解决问题，在能力上要求相对较高。长期以来，填空题的正确率一直低于选择题的正确率，以上所说可能是重要的原因。其次，填空题的结构通常是在一个正确的命题或断言中，挖去其中的一部分内容（可能是条件，也可能是结论），留下空白的位置让考生填写。这种题型的设计方法相对灵活，需要考生对题目进行仔细地解读，有时需要多费一些力气。当然，并不总是如此，这取决于命题者设计试题的意图。

二、分析填空题考点

填空题的考点较少，目标明确；否则，会导致试题考核效果的区分度较低。这是因为，如果填空题涉及的考点过多，需要的解答过程过长，影响结论的因素过多，那么就很难明确考生错误作答的真正原因：有些考生可能完全不理解考题，从一开始就错了；有些考生可能在最后一步才出错。但是，这些考生在答卷上呈现出相同的情况——都答错了，同样都不得分，尽管他们的水平存在很大差异。

三、填空题的解题策略

由于填空题和选择题有一些相似之处，因此有些解题策略是通用的。以下是针对填空题的特点及对应考点给出的一些建议：

1. 注意规则，注重细节

填空题中的大多数是计算型（尤其是推理计算型）和概念（或性质）判断型的题目，解答时必须按规则进行实际计算或合乎逻辑的推演和判断。例如，求解三角形的面积时，务必注意单位、小数点的位置等。

2. 准确、规范地书写结果

解答的结果必须准确无误，形式规范。例如，在表示集合时要使用正确的形式，函数表达式要完整无缺。稍有错误都会得零分。

3. 填空题的"五步基本策略"

高考的"考试说明"对填空题解答的要求是"正确、合理、迅速"。因此，解答的基本策略是：快——计算要快，避免在小题上花费过多时间；稳——推导要稳，避免过于急躁；全——答案要完整，避免遗漏；活——解题要灵活，不要生搬硬套；细——审题要细心，避免粗心大意。

当考生被要求确定函数的周期时，不能仅给出数值，还要指明其单位或其他必要的修饰词；同样地，解决一个复合函数的导数问题，要首先确定外层函数和内层函数，然后采用链式法则。

四、积极的心理暗示，强健考试信心

考试不仅包含考场上的比拼，从考前就要给自己"我能行"的心理暗示，增强信心。

我们要保持内心平静、情绪稳定，以信心满满的态度应对即将到来的考试；还要保持积极的备考状态，不断进行积极的自我暗示；并且为自己设定合理的考试目标，创造轻松的考试氛围，以平常心对待高考；最后，也要合理安排饮食，提高睡眠质量。

同学们如果做到了以上所说，在填空题中取得高分就是水到渠成的事情。

小细节 13
解答题得高分的答题技巧

提分小档案

☐ 提分目标：在解答题中得高分

☐ 解决问题：各种解答题型都没有思路

☐ 提分方法：注重展示解答题过程步骤，争取分段得分

　　我们不能指望在考场上仅凭灵光一闪，就将所有难题通通解决。在重要考试前，对相关的知识进行复习也是很有必要的，我们要在考试前进行重点复习，弥补知识缺漏。我们要对以往模拟考试的试题进行分类整理和归纳，可以按照知识类别或数学思维方式进行分类；加强知识点之间的联系，建立知识网络结构，用以少胜多的原则，应对各种变化。我们还需要查找错题，分析错误原因，有针对性地解决问题。同时，请仔细阅读高考的"考试说明"和"试题分析"，确保自己没有遗漏某些知识点。还可以回归课本，巩固基础，复习近年的高考试题，把握普适的解题方法。最后，我们更要注重书写的规范性和简洁性，掌握各类常见题型的表达方式，避免出现"知道但答错，答对但不全"的情况。考前，我们可以做一些中低难度

的题目，熟悉基本方法和典型问题，保持清醒的头脑和良好的竞技状态。

一、积极做好心理建设

在考试入场和答题前的阶段，最容易出现紧张、焦虑和恐惧的情况，设法保持平稳的心态是非常重要的。当拿到试卷时，通常也会感到紧张，这时不要急于开始作答，可以先全面浏览试卷，尽量从试卷上获取更多信息，为采取正确的解题策略做好准备。同学们可以在5分钟内完成以下几项任务：

1. 填写完整的考生信息，检查试卷是否完好。

2. 调节情绪，尽快进入考试状态，可以先解答那些一目了然的简单选择题或填空题（一旦解出来，信心倍增，情绪立即稳定）。

3. 对于无法立即回答的题目，可以在全面浏览的过程中初步分为两类：A类是比较熟悉、容易上手的题目；B类是相对陌生、感觉有难度的题目。

二、解答题要"步步为营"

解答题是一种需要考生提供答案和解答过程的题型，与填空题相比，它要求考生除了给出最终结论外，还需要详细写出或表述出解题的主要步骤和合理的解释。与填空题相比，解答题综合性更强，难度系数也更高，需要考生掌握多个考点，运用多种解题方法。解答题的命题自由度较大，因此解答题的答题方法和解题策略也相对灵活。解答题的得分是根据解答过程的完整性和准确性进行评定的。

解答题的评分具体体现为采用分段评分的方法，即根据考生掌握的知识和解答的准确程度给予相应的分数。考生应尽力避免失分，对于会做的题目要确保准确表达和规范书写，以免因不规范答题而扣分。解答题的评分原则是：如果第一问回答错误或未回答，第一问不得分；但在第一问未得分的情况下，第二问却回答正确，第二问可以得到对应的全部分数。即如果前面的部分步骤有错误，但后面的步骤和方法正确，则可以给予回答正确部分对应的分数。

1.解题策略

（1）常见失分因素：考生在解答题目时常见的失分因素包括对题意理解不准确、公式记忆不牢、思维不严谨、解题步骤不规范以及计算能力不足等。因此，考生需要注意慢慢审题，熟悉公式、定理和性质，思维要严谨，避免忽视易错点。解题步骤要按照规范要求进行，避免解答不全的情况。此外，计算能力也很重要，对于会做的题目一定要仔细计算，不能只求速度。

（2）分段得分原则：我们已经得知，解答题的评分方法是根据掌握的知识点给予相应的分数。那么对于会做的题目，就要力求准确无误；对于部分理解的题目，要争取多得分。阅卷老师在批改时，更注重考生给出的解答中的合理成分——发现合理解答，就会给出相应的分数。因此，同学们要注意准确表达、周密考虑、规范书写和科学语言的使用，以避免被分段扣分。解答题的解答过程中，每一步的得分点都可以得分，即使最终结论未得出，分数也可以超过一半。

2. 解题步骤

（1）缺步解答：遇到有困难的问题，可以将其分解为多个步骤或小问题，先解决部分，然后继续能解决多少就解决多少，逐步得分。对于解题层次明显或已程序化的题目，每一步的演算都可以得分，即使最终结论未得出，得分也可以超过一半。

示例：

给定一个二次函数的顶点和一个点，求该二次函数的表达式。

假如我们只知道如何用顶点式表示二次函数，但不知道如何利用另一个点，那么可以先用顶点求出二次函数的部分表达式。这样，即便我们最终无法得到完整的函数表达式，也能够得到部分分数。

（2）跳步答题：当我们卡在解题过程中的某一环节无法继续时，可以先承认中间结论，继续往后推导，尝试得出预期的结论。如果不能得出，说明之前的途径不对，需要立即改变方向；如果能得出预期结论，则可以回过头来攻克卡壳处。如果时间不允许攻克卡壳处，就先将前面的部分写下来，然后写上"证实某步之后，继续有……"的形式，然后继续往后解答，直到结束。对于有两问的题目，如果第一问解答困难，可以将第一问当作"已知"，先解答第二问，这也是跳步答题的一种方式。

示例：

已知椭圆的长轴、短轴，求椭圆的方程。

如果我们记不清长、短轴在公式中的位置，可以先假设椭圆的方程，然后利用长、短轴来验证或修正我们的答案。

（3）退步解答：采用"以退求进"的策略。如果无法解决所提出的问题，可以从一般退到特殊，从抽象退到具体，从复杂退到简单，从整体退到部分，从较强的结论退到较弱的结论。总之，退到一个自己能够解决的问题。为了避免"以偏概全"的误解，我们可以在答卷中明确写上"本题分几种情况"，这样还能为寻找正确的、一般性的解法提供有意义的启发。

示例：

一个复杂的不等式求解问题。

如果我们在面对一个复杂的不等式时感到困惑，可以考虑简化它。例如，如果面对的是一个一元二次不等式，我们可以先解相关的一元二次方程，再确定不等式的解集。

（4）辅助解答：解答一道题目时，除了主要的实质性步骤外，还存在次要的辅助性步骤。当我们无法找到实质性步骤时，可以先进行辅助性步骤的解答，例如，对于准确作图、将题目条件翻译成数学表达式、设定应用题的未知数等问题。在答题时要稳扎稳打，每一步都要有准确的依据，尽量一次成功，以提高成功率。解答完题目后，要仔细检查答卷，确保没有空题，答卷准确无误，所写字母和题目图形一致，格式规范。尤其要审查字母和符号是否抄写正确，确认无误后才可交卷。

示例：

求解一个与圆有关的几何问题。

如果我们不确定如何开始作答，可以先画一张详细的图，标出所有给定的信息，并尝试从图里找到一些可能的关系或性质，这样也可能为我们提供问题的某种启示。

总而言之，同学们要适当规划答题的空间，尽量避免跳跃式的答题，因为每一步都有相应的步骤。同时，也要智选答题顺序，避免将过多的时间花费在低分值的问题上，以免得不偿失。更要懂得舍弃，迅速调整心态——相信自己未能全部完成的问题，别人也可能面临困难；自己无法解答的问题，别人也可能毫无头绪。

小细节 14
导数题目反复思考，成为数学尖子

提分小档案

☐ 提分目标：学会思考和解释，轻松化解导数难题

☐ 解决问题：导数题目无从下手

☐ 提分方法：厘清导数题目条件，学会应用数形转化思维

　　到了高三阶段，很多同学常常抱怨，即使已经做过大量习题，在面对新题时仍束手无策。这些同学们往往纳闷，为什么自己在考试时仍然做不出老师刚刚讲解过的题目？归根结底，是因为缺乏必要的思考。许多同学认为额外的思考需要花费大量时间，把时间用在多做题显然更划算；然而他们并未意识到，旧问题仍然反复困扰着他们。

　　学习数学的关键还在于"悟"，也就是说，数学学习中的思考至关重要，尤其是解题后的反思，更加值得我们高度重视。解题方法往往就在这样的反思中被提炼出来，只有这样才能在做题时得心应手。

一、为什么说思考和解释是每个数学尖子生的必修路？

数学不仅是简单地记住公式和运算规则，更重要的是培养学生思考和解释的能力。在数学世界中，思考和解释被视为每个数学尖子生必须掌握的技能。

首先，数学问题往往不是单纯的机械运算，而是需要深入思考、分析和推理的。通过思考，我们才可能发现问题的本质、规律和解决方法。思考不仅要求逻辑严谨，还需要创造性思维和问题解决能力。只有通过深入思考，才能真正理解数学的奥妙。

其次，数学是一门语言，通过数学符号和表达来传递数学思想和概念。能够清晰、准确地解释数学概念、定理和推导过程，是我们与他人交流、表达自己的数学思想的重要手段。解释数学问题不仅要求表达清楚，还需要具有逻辑性和严密性。通过解释，我们可以更好地加深对数学的理解，并与他人分享自己的数学见解。

思考和解释，不仅能帮助我们更好地理解和掌握数学，还有助于培养我们的批判性思维、创造性思维和沟通能力。通过不断的思考和解释，自然就能在数学的世界中追求更深层次，成为数学尖子生。

二、如何学会思考和解释数学问题?

下面就以几道题目为例,说明我们在遇到值得思考的题目时应该如何做。

1. 解题前的思考:厘清根本

在接触新的数学问题之前,我们需要对问题的来源和情境进行深入思考,弄清问题的本质,从而拟订解决方案。示例如下:

已知函数 $f(x) = x^2 + a|x| + x$, $x \in \mathbf{R}$, $a \in \mathbf{R}$。

(1)当 x_1, $x_2 \in (0, +\infty)$ 时,试比较 $f(x_1) + f(x_2)$ 与 $f(0)$ 的大小;

(2)当 x_1, $x_2 \in (0, +\infty)$ 时,若 $f(x_1) + f(x_2)$ 与 $f(0)$ 的大小关系与(1)的结论一致,试探究 a 的取值范围。

本题中(1)的结论较容易得出 $f(x_1) + f(x_2) \geq f(0)$,此处过程略去。本题中(2)看上去是一道探究型问题,而问题的本质是:不等式 $f(x_1) + f(x_2) \geq f(0)$ 对于 x_1, $x_2 \in \mathbf{R}$ 恒成立,求参数 a 的取值范围。我们在弄清问题的本质并进行有效的转化后,问题就迎刃而解了。在这个题目中提前对题意进行思考,明确变量和参数是可以相互转化的,这让我们瞬间抓住题目的本质。

2. 解题过程中的反思:寻求新的突破

一旦方法形成,要改变它就变得十分困难,尤其在大量的数学习题练习中，这些方法几乎变成了固定模式。模式的好处是在解决类似问题时有章可循，不利之处则在于它可能限制了思维的创新。

例如，在复习二次函数的内容时，我们都非常熟悉一类与 x 轴的交点问题，并且知道解决这类问题的方法是结合函数图象的位置，利用分类讨论的思维方法，有时还需要非常烦琐的运算。让我们来看以下例子：

已知函数 $f(x)=mx^2+(m-3)x+1$ 的图象与 x 轴的交点至少有一个在原点的右侧，求实数 m 的取值范围。

初看此题，同学们可能会先考虑所有的情况：

将抛物线分为开口向上和开口向下两类情况，每类情况中又有四种小情况需要考虑：（1）两个交点都在原点的左侧；（2）两个交点都在原点的右侧；（3）一个交点在原点，另一个交点在原点的左侧；（4）一个交点在原点，另一个交点在原点的右侧。综合来看，就有八种情况。

接着，根据题目中的条件，排除以上的第一种和第三种情况，还剩下四种情况需要考虑。

以上的这种思维方式就是模式起了作用，然而如果我们冷静地思考片刻，就会领悟到，函数图象的交点的横坐标就对应着方程的根，那么交点相对于原点的位置不就代表着方程的两个根的正负吗？因此，转化的思想给我们带来了一种新的解题方法，通过讨论根的正负来解题：

只需分为 $m=0$ 和 $m \neq 0$ 两类。对于 $m \neq 0$，我们先假设方程的两个根分别为 x_1，x_2，而 $x_1 x_2 \neq 0$，所以在这类情况中，只需考虑两个根一正一负和两个根都为正的情况。

虽然我们还需要进行进一步讨论，但分类的数量却大大减少了。与之前的方法相比，这种方法更直观明了，分类更少且清晰，突破了固有的解题模式。

许多同学之所以没有想到这一点，是因为对于许多二次方程的根的分布问题，总是将其转化为函数图象与 x 轴的交点问题来解决；而当问题直接涉及图象与交点时，却忘了将其转化为方程问题来解决。转化是灵活的，而非机械的。

3. 解题后的反思：领悟方法

解题后的反思是十分必要的，我们在回顾的过程中整理思路，整合知识点，总结经验，领悟数学的思维方法。以下是有关三角函数的例子：

已知 $\tan x = \cot x$，试求使该等式成立的 x 的取值集合。

这个问题简洁明了，很容易解决：

切割化弦为 $\tan x = \dfrac{\sin x}{\cos x}$，要使等式成立，则 $\sin x \neq 0$，从而得到 $x \in (2k\pi, 2k\pi + \dfrac{\pi}{2})$，$k \in \mathbf{Z}$。

这个结论对吗？有的同学也许会认为，分子相同的两个分式值相等，那么分母一定相等且不为零。但是，在反思这个结论时，我们是否漏掉了一种情况？即分母不相等但分子相同的情况。当然可以，当分子为零时，条件也满足。因此，这道题少了一种情况，即

当 $\cos x = 0$ 时，$x = k\pi + \dfrac{\pi}{2}$，$k \in \mathbf{Z}$。

通过反思这道题的解题过程，我们对数学中等价转化的内涵有了更深的体会。

反思也许是痛苦的，但痛苦之后必定有收获。我们要关注每个时刻的反思，不仅要获取知识，还要学会方法，使知识在反思中成熟并延伸，从而最有效地推动数学思维的发展。

小细节 15
学会说数学语言，圆锥曲线大题不失误

提分小档案

☐ **提分目标：** 真正理解数学语言，避免读题失误丢分

☐ **解决问题：** 圆锥曲线理解不当

☐ **提分方法：** 用数学语言快速抓取题目条件，精准写出答案

　　同学们很可能有这样的经历：在回顾错题时，发现自己竟然只是在读题时有所失误，就导致整道题目一分没得，不禁后悔万分。

　　实际上，有很大一部分同学在数学大题超过一半的丢分，都是由于对题目的理解不到位造成的。这充分说明了完全读懂题目的重要性。

一、为什么学会说数学语言，读题就能不失误？

　　数学语言具有一定的特点和规范性，准确地理解和运用数学语言，能够帮助同学们尽可能消除误解，确保对题目的准确理解。

1. 消除歧义和模糊性

数学语言是一种精确的语言，它用符号、定义和术语来描述数学概念和关系。通过学会运用数学语言，我们可以避免解题过程中产生的歧义和模糊性。只有准确理解了题目的要求和条件，才可以避免在解题过程中产生偏差或错误的答案。

2. 确保准确性和一致性

数学语言有着明确的符号和约定用语，因此学会正确运用数学符号和约定用语，就能确保解题过程中的准确性和一致性；而使用错误的符号或误解符号的含义就极可能导致答案错误。通过准确使用数学语言，我们也能够有效地表达数学概念和关系，使我们的解题过程更加准确和可靠。

3. 提高解题效率

学会说数学语言，还可以帮助我们更快地理解题目的意图和要求。清晰的数学语言描述，有助于快速构建解题思路，并选择适当的解题方法。准确理解题目能减少在解题过程中的试错和纠正过程，从而提高解题的效率和准确度。

4. 增强数学思维

学会说数学语言不但有助于解题，更能培养和增强我们的数学思维能力；运用数学语言则需要抽象思维和推理能力。通过学习和使用数学语言，我们可以锻炼这些能力，培养数学思维的习惯和敏感性。

二、如何学会说数学语言，做到读题从此不失误？

1. 理解题目的重要性

准确理解和解读题目是解题成功的关键。在阅读数学题目时，我们应该注重细节，并且运用数学语言准确地表达题意。

在审题时，同学们要透过复杂的题干部分，找出重点，理解题意，特别要注意题目中的关键词语。所谓关键词语，就是题目涉及的数学知识、具体数据、已知条件等。忽略了它们，往往会使解题过程变得盲目，思维陷入困境。

有些题目的部分条件是不明确给出的，而隐含在文字叙述中。挖掘隐含条件，也正是解题的关键所在。因此我们需要仔细思考除了明确给出的条件以外，考题中是否还隐含着更多的条件，这样才能准确地理解题意。

当题目的信息被感知后，我们可以将其中一部分信息用简短的形式记录在草稿纸上。示意图是记录信息的一种极好的方式，它能整体地、动态地反映事物的运动变化过程。通过示意图来分析题目的过程，实际上也是视觉化思维参与解题的过程，这样我们可以更快地解决问题，最大限度地减小失误。

2. 解题方法的选择

数学题目种类繁多，解题方法各不相同，正确地选择解题方法才能高效解题。例如，在解代数方程时，我们可以使用因式分解、配方法、求根公式等不同的方法，根据题目的特点选择最合适的解题策略。

又如，在面对几何题目时，我们会运用相关的数学语言，但几何语言又分为文字语言和符号语言，几何语言总是和图形相联系。很多同学虽然能把问题想清楚，但是一落在纸面上就难以凑成完整的话。此时，你需要记得一句话：几何语言最讲究言之有据、言之有理。也就是说，没有根据的话不要说，不符合定理的话不要说。解析几何非常有意思的一个点是它将平面几何的知识转化为了解析式，这样很多想象中的几何关系都可以转化为等式。

3. 数学语言的运用

（1）定义和术语：数学中有许多定义和术语，我们需要了解并熟练运用它们，例如，线段、直线、角度、平行、垂直等。正确理解和使用这些数学概念，可以使我们更准确地描述和分析问题。

（2）符号和符号约定：数学中的符号具有明确的含义，我们应该理解这些符号，并在解题过程中正确使用它们。例如，"+"表示加法，"="表示等于，"×"表示乘法，等等。遵循符号约定可以减少解题错误。

（3）数学表达式：在数学语言中，表达式是一种重要的工具，它能够精确地描述数学关系，例如，代数表达式、方程式、不等式等。我们需要学会正确书写和分析这些数学表达式，以便解决问题。

（4）推理和证明：数学语言中的推理和证明是数学思维的重要组成部分。通过运用逻辑推理、数学定理和推导法则等方法，可以证明一个结论的正确性。在解答证明类题目时，我们需要运用恰当的数学语言，清晰地陈述证明过程，使阅卷人能够理解我们的推理思路。

示例：

考虑一个椭圆，其长轴的长度为 8，短轴的长度为 6。现在，一只蚊子在椭圆内某点出发，开始沿着椭圆的周边飞行。蚊子的飞行路径将被限制在椭圆上。如果蚊子从出发点开始沿椭圆的周长飞行，回到同一点，它飞行了多少距离？

解决方法：

第一步，理解题目。在动手计算、解决问题之前，我们要先理解椭圆的性质。椭圆是一种圆锥曲线，其中有两个焦点和两个半轴。在这个问题中，长轴长度是 8，短轴长度是 6，即表明椭圆的半长轴是 4，半短轴是 3。我们首先理解蚊子在椭圆轨迹上飞行，并需要计算它的飞行距离。

第二步，选择解题的方法。这个问题求的是蚊子在椭圆上的飞行距离，由于蚊子的路径是椭圆的周长，我们就可以使用椭圆的周长公式来解决这个问题。

椭圆的周长公式是：$2\pi\sqrt{\dfrac{a^2+b^2}{2}}$，其中 a 和 b 分别是椭圆半长轴和半短轴的长度。

第三步，应用数学语言。将数学语言应用于解决问题，使用椭圆周长公式进行计算。$a=4$（半长轴），$b=3$（半短轴），那么椭圆的周长 $L=2\pi\sqrt{\dfrac{4^2+3^2}{2}}=2\pi\sqrt{\dfrac{16+9}{2}}=2\pi\sqrt{\dfrac{25}{2}}=5\pi\sqrt{2}$。

所以，蚊子飞行的总距离是 $5\pi\sqrt{2}$。

以上例子强调了理解题目、选择合适的解题方法，以及正确应用数学语言的重要性。同学们需要明确椭圆的性质，选择合适的数学公式，并用数学语言准确表达答案，才能解决这个圆锥曲线问题。

相信通过不断的练习和学习，同学们一定可以不断提升自己的数学语言能力，从而也让解题能力更上一层楼。

小细节 16
由小见大，从小题目看透概率思想

实际上，在我们周围有很多数学不好的聪明人存在，但许多在数学学习上表现出色的学生并不一定非常聪明。也就是说，"数学好的人都聪明"和"聪明人数学一定好"这两个命题中都存在一些问题。那么为什么有些同学能够在数学上取得好成绩呢？原因是他们掌握了有效的数学学习方法。

如果我们将在小细节 12 中针对解答题讨论的分段、按步骤的得分方法称为"化大为小"或者"大题小做"；接下来，要详细介绍的"小题大做"也是一种非常有效的做题、提分的方法。

一、每次大考、小考、做题之后，加强反思

同学们需要明确一点：现在正在做的题目并不是考试中的

题目，而是要运用当前所做题目的解题思路和方法。也正是因此，我们才应该对自己所做的每道题进行反思，总结自己的收获：这道题是关于什么内容的？使用了什么方法？通过不断总结，我们逐渐建立起一个科学的网络系统，将知识片段和问题串联起来。

以解决概率问题为例，我们反思题目，理解问题的本质和要求。这包括确定已知条件和所求条件，以及应用适当的概率概念和方法，考虑问题的角度和方法也是反思学习的一部分。

俗话说："有钱难买回头看。"完成作业后，仔细回头看是非常重要的一步。因此，在解概率问题后，你应该回头看自己的解答，检查是否正确应用了概率原理，如互斥事件、相互独立事件等；也要考虑是否有其他方法可以解决相同的问题，以便加深理解。

我们还需要回头看自己是否做对了题目，是否有其他解法可供选择，题目在知识体系中的位置如何，解法的本质是什么，已知条件和所求条件是否可以相互转换，是否可以进行适当的修改和改进。通过进行这 5 个方面的"回头看"，同学们才能逐渐提升自己的解题能力。回头看所需的时间不多，但效果却十分显著。这就是"小题大做"的含义：通过数道题目就将所学知识有机串联起来。

二、为何"小题大做"？如何"小题大做"？

在数学学习中，我们要有清醒的复习意识，逐渐培养良好的复习习惯，这就是反思性的学习过程。我们需要反思自己是否达到了课程所要求的知识和技能水平；反思学习过程中所涉及的数学思维方法，以及运用过程中的特点；反思基本问题（包括基本图形、图象等），是否真正理解和掌握了典型问题；反思自己的错误，并找出错误产生的原因，制订改正方案。对于反思性的学习，我们可以采用回顾法，汇总易错题，并活用错题本（可以详细见本书中的小细节 02、小细节 04、小细节 05）。我们还可以通过"小题大做"方法进行学习，以下是一个具体概率问题，用于演示如何使用这种方法及其意义。

一个袋子里有 5 个红球和 7 个蓝球，随机抽出 3 个球。求抽出 2 个红球和 1 个蓝球的概率。

确定已知条件和所求条件：

已知：袋子里有 5 个红球和 7 个蓝球。所求：抽出 3 个球，其中 2 个是红球，1 个是蓝球的概率。

使用适当的概率概念和方法：

抽出 2 个红球的概率是 C_5^2；抽出 1 个蓝球的概率是 C_7^1。总概率 $= C_5^2 \times \dfrac{C_7^1}{C_{12}^3}$。

计算并得出答案: 0.318。

"**小题大做**"思考: 这道题目是关于组合计数的基础应用。如果有一个球被标记了或者有其他特征, 是否会影响结果? 以上是关于条件概率的考虑。在这道题中, 我们使用了组合公式。那么, 我们应该在什么情况下使用排列公式? 如果抽球后放回, 概率会发生什么变化? 以上又涉及放回与不放回的概率问题。如果袋子里的球不只是红和蓝两种颜色, 如何扩展这个问题?

通过对以上这道题目不断深入思考, 我们扩展了知识点的广度和深度, 这就是"小题大做"的核心思想。

三、知识点的融会贯通

学好高中数学, 需要我们从数学思想与方法的高度来掌握它。这一阶段的数学学习要重点掌握以下数学思想: 集合与对应思想、分类讨论思想、数形结合思想、运动思想、转化思想、变换思想。有了数学思想以后, 还要掌握具体的方法, 比如换元、待定系数、数学归纳法、分析法、综合法、反证法等。在具体的方法中, 常用的有: 观察与实验、联想与类比、比较与分类、分析与综合、归纳与演绎、一般与特殊、有限与无限、抽象与概括等。这些思想中的每一个都能独立成为重点课题, 然而本书的篇幅有限, 因此仅将它们一一列出, 以便同学们对应察看自己对其中哪些还不甚熟悉,那么接下来就要抓紧时间,有针对性地查缺补漏了。

当我们"小题大做"地解数学题时,要注意解题的思维策略,要经常思考:选择从什么角度来进入,应遵循什么原则性的内容。高中数学中经常用到的数学思维策略有:以简驭繁、数形结合、进退互用、化生为熟、正难则反、倒顺相还、动静转换、分合相辅等。我们可以将它们依次代入题目中,就有可能发现一些题目不仅只有参考答案一种解法。学习数学不能纯粹依赖于老师的教导,更要在老师的指导下,通过自己主动思考和积极参与的方式来获取知识和提升。学好数学,需要积极主动地参与学习过程,养成实事求是的科学态度,独立思考和勇于探索的创新意识。正确对待学习中的困难和挫折,不轻易放弃,也不骄傲自满,培养积极进取和坚韧不拔的心理素质。

在学习过程中,我们应该遵循认识规律,善于动脑筋,积极主动地发现问题,注重挖掘知识之间的内在联系,不满足于现成的思路和结论,多角度思考,并探索多种解法,深入研究问题的本质。学习数学还需要注重实际操作,光看书而不做题是不够的,也不能只埋头做题而不总结和积累经验。对于课本知识,既要深入理解,也要能够灵活运用,结合自身特点,寻找最适合自己的学习方法——这就是通过"小题大做"提升数学能力。

小细节 17
"一鱼多吃"，将函数题目融会贯通

> **提分小档案**
>
> ☐ 提分目标：一题多解，融会贯通
> ──────────────────────
> ☐ 解决问题：一叶障目，没有发散思维
> ──────────────────────
> ☐ 提分方法：多种解法突破函数题，合作学习更高效

在数学思维的广阔领域中，多解之美犹如一条游动的鱼，在知识的海洋中尽情穿梭。一题多解的过程不仅能拓宽视野，还能激发更丰富的创新思维，发展更多彩的创造力。因此，同学们在面对习题时，可以尝试不拘一格地寻找多个解决方案，这是解决数学问题、追求智慧的有效途径。

一、为什么要进行一题多解？

每个人都有自己独特的经验、知识和观点，这使不同的人在解决问题时从不同的角度出发。就像观察一条鱼，可以从上、下、左、右、前、后等不同的角度来看，鱼在每个角度都呈现出不同的特点。同学们面对数学问题时，同样可以通过不同的视角和思维方式来寻找答案，出发角度的多样性能够促进

思维的发散。

数学最显著的特征就是其唯一性和确定性；而数学题却可以有丰富的解题思路和多种不同解法，也就是说，数学题具有多解性，这也是数学学科的魅力之一。当同学们寻求并找到题目的多种解答方式时，也就更好地理解了问题的本质，培养出灵活性和创造性思维。

俗话说"勤能补拙"，因此很多人认为要掌握好数学就必须进行大量的练习，"题海战术"也就成了许多同学最青睐的方法之一。虽然多做练习确实有助于成绩的提升，但刷题过多也可能让同学们对数学感到乏味，还可能导致厌烦情绪，甚至导致厌学、找人代写作业或者抄作业等问题。数学题目是无穷无尽的，要想真正掌握好数学，首先应当着重培养自己的思维能力和学习兴趣。事实上，教科书上有限的例题和习题就足以激发学生的学习兴趣和思维能力——只要用对方法，其中最重要的就是一题多解法。因此，同学们要在学习数学的过程中着重培养一题多解的能力，当我们习惯寻找不同的途径来解决问题时，思维就会更加灵活和开放。这样的思维方式会鼓励我们挑战常规、突破束缚，从而产生新的创意。我们的思维在解题的海洋中遨游，正如鱼在水中跃动，去发现前所未有的思路和解决方案。

此外，一题多解也能培养同学们的批判性思维。当我们接触到多种解决方案时，需要对它们进行评估和比较，选择最合适的方案。这种思维过程要求我们思考和对比各种可能性的优缺点，并运用逻辑和推理来做出决策。正如鱼儿在水中游动时需要不断调整姿势和方向，人类思维也需要灵活性和思辨性，以找到最佳的解决方案。

二、如何培养发散思维？

1. 多做思考与反思

在数学学习中，需要采用逐步推进的方式，让问题变得自然流畅，以充分激发思维能力，同时避免突然性的感觉。在做选择习题时，应当挑选一些需要通过非简单探索才能发现内在联系的题目。

举个例子：

$f(x)=x^2-4x+3$，求这个函数的零点。

解法一（因式分解法）：

$f(x)=x^2-4x+3=(x^2-x)-(3x-3)=x(x-1)-3(x-1)=(x-3)(x-1)$，设置 $f(x)=0 \cdot f(x)=0$，我们得到：$(x-3)(x-1)=0(x-3)(x-1)=0$，于是，解为 $x=3$ 或 $x=1$。

解法二（公式法或韦达定理）：

对于一般的二次方程 $ax^2+bx+c=0$，其解为：$x_1=-b+\sqrt{\dfrac{b^2-4ac}{2a}}$ 和 $x_2=-b-\sqrt{\dfrac{b^2-4ac}{2a}}$，在我们的例子中，$a=1$，$b=-4$，$c=3$。代入上面的公式，我们同样能得到 $x=3$ 或 $x=1$ 为解。

这个简单的二次函数求解展现出数学中常见的"一题多解"现象。第一种解法通过因式分解法，利用二次多项式的性质找出零点，它需要对多项式有一定的了解和灵活的思维；第二种解法则通过公式法，直接套用公式得出解，更是偏向于规范和结构化的方法。

对于同学们而言，能够理解和掌握多种解法是非常重要的，这不仅能够增强自己对知识点的理解，还能培养思维能力和灵活性。在面对不同类型的数学问题时，同学们可以根据实际情况选择最合适的方法进行解答，这有助于提高解题效率和准确性。而且，通过多种方法解答同一个问题，还可以加深对数学知识的理解和掌握。

解完一道题后，我们不妨深思解题过程，有时会突然发现：这道题的思维模式实际上是某种非常重要的数学思维方法的经典体现，它对解决其他的同类问题也将非常有帮助。

2. 鼓励合作式学习

同学之间的合作学习可以促进交流，分享不同的解答方法。通过小组讨论和合作解题，大家可以从彼此的思考中获得启发，并探索新的解决思路。改变题目的条件会得出什么新的结论？保留题目的条件，能否进一步加强结论？对条件进行类似变换，能否推广到一般情况？通过这些富有创造性的全方位思考，常常能够找到新知识的突破口。

一题多变，可以训练思维上的递进性；多题一解，可以训练思维的深入性；条件和结论的转换，可以训练思维的灵活性；多方向探索，可以训练思维的广泛性。通过以上的种种训练，同学们就可以事半功倍地掌握某一类题型的解法。

要单独一人面对复杂的条件改变或者有挑战性的题目，也许难以面面俱到地完成，因此可以和实力相当的同学共同解决，每个人负责各自的解法，然后互相交流，弥补不足。

3. 尝试挑战性问题

有挑战性的问题可以激发好奇心和求知欲，同学们可以尝试主动寻找一些具有挑战性的问题，要求自己做出多个解答。

比如，在立体几何中有一些题目也可以通过几何的性质快速解决，圆锥曲线可以利用平面几何的结论解题，概率中不同的思维方式也决定了解题的时间。

这些具有挑战性的一题多解能够让我们快速成长。我们还可以将数学问题与实际生活中的情境联系起来，将抽象的数学概念与实际问题相结合，寻找多种解决方案。

小细节 18
分类整理题目，一次解决一类题

> **提分小档案**
>
> ☐ 提分目标：分类整理题目，集中火力解决同类问题
>
> ☐ 解决问题：题海战术，杂乱无章
>
> ☐ 提分方法：梳理知识点，高效整理不同题型

当偶然地拥有一段比较长的自习时间时，同学们通常面临着一个难题：我要练什么题目？

要是贸然翻开一本练习册，不假思索地开始刷题，可能花一晚上的工夫也做不了几道题。不仅没能学到多少知识，还让自己的状态变差，最终闷闷不乐地结束这天的学习。

这完全是因为你没有提前规划好练习的目标和类型，不同的知识点混杂在一起，要频繁切换思路识别和区分，再运用不同的方式解决它们。要是你一晚上只做一类题，相信肯定不会感到头昏脑涨，反而只会对选定的这类知识理解得更加通透、彻底。

一、为什么需要分类整理题目，一次解决一类题？

1. 提高问题识别能力

分类整理可以帮助同学们了解和识别不同类型的数学问题。在解决实际问题时，就能迅速辨认问题所属的领域和类型，从而有针对性地应用相关知识解决问题。

2. 加深理解

通过将题目按照不同的类型整理，能够更深入地理解每个类型问题的本质和解题思路，从而更好地掌握数学知识，形成扎实的数学基础。

3. 培养归纳总结能力

分类整理数学题目需要同学们有整体把握各类问题的能力，再对它们灵活运用，这就需要培养归纳总结能力。

4. 集中精力攻克难题

不断在不同类型的题目间跳跃，则会分散注意力，难以取得良好的解题效果。将同一类型的题目集中起来，有助于同学们集中精力，有针对性地提升解题效率和水平。

二、分类整理题目，一次解决一类题应该怎么做？

针对分类整理数学题，众多资深的一线老师根据长期经验整理出以下 6 个关键点，只要同学们熟练掌握，有效地分类整理题目就不在话下。

1. 梳理知识点

首先，对所学的各个知识点进行梳理和分类，例如，代数、几何、概率与统计等。确保每个知识点的范围和要求都清晰明了，比如代数有方程、不等式、一元一次方程组、二元一次方程组等；几何有三角形、平行线与相交线、相似与全等三角形、圆的性质等；概率与统计有概率计算、频数与频率、抽样调查、平均数与中位数等知识点。

2. 确定题目类型

在每个知识点内部，进一步确定不同类型的题目，例如，代数包括方程、不等式、函数等。这有助于将相似的题目归为一大类，方便集中训练。

3. 编制题目集

挑选典型的题目，形成题目集合。每个类型的题目数量可以根据难易程度和重要性进行安排，要确保其中涵盖了该类型问题的各种情况。

4. 逐类训练

同学们可以利用每个类型的题目集，逐类进行训练和解答。在解答过程中，尝试不同的解题思路和方法，加深对各类问题的理解。

5. 总结归纳

在解答一类题目后，继续进行总结和归纳，包括该类型问题的解题思路、注意事项和常见错误等，以便日后复习和应用时能够迅速掌握。

6. 交叉练习

在针对单一类型的题目训练后，我们就可以进行交叉练习，即将不同类型的题目混合在一起，模拟考试的情境，检验自己对不同类型问题的综合掌握能力。

假设我们集中攻克数列这一大主题，那么首先要梳理知识点，例如，等差数列及其性质、等比数列及其性质、数列的极限、递推数列、数列的和等；然后，确定题目的类型，是要判断及求等差数列与等比数列的公差、公比、通项公式，还是求数列的前 n 项和，或判断数列是否有界、求极限，抑或是根据已知条件，建立和求解递推式。综合应用题则可能涉及数列与函数、不等式等结合的问题。

在厘清知识点后，就可以开始编制题目集。我们通常从教材、模拟题、历年高考或竞赛题中选取与数列相关的题目，根据上述更加细致的分类罗列。

其次，我们就开始逐类训练：第一天，专心求解等差数列的相关问题，比如，在给出首项、末项、公差的情况下，求第 n 项、前 n 项和等；第二天，转向等比数列，研究其性质，进行相关题目的解答；第三天，深入探讨数列的极限，了解收敛和发散的概念；第四天，对于递推数列，尝试从简单到复杂的练习，往往从常见的递推关系式开始，然后挑战一些复杂的问题；此后，依此类推，合理安排日程。

最后一步是总结归纳。比如，我们在学习完等差数列后，要总结关于通项公式、前 n 项和的公式，以及如何利用等差数列的性质解题。在研究等比数列时，则要归纳等比数列的性质，特别是它与等差数列的不同之处。在探索数列极限时，注意总结判断数列是否收敛的方法和常见的求极限技巧。

在仍有余力的情况下，我们可以开展交叉练习，选择各类题目进行混合练习，确保自己全面掌握了数列的各个知识点。

第三章

临难不惧，
学会考试策略

小细节 19
调整心态，确保考试正常发挥

> **提分小档案**
>
> ☐ 提分目标：调整心态，避免发挥失常
>
> ☐ 解决问题：心态不好，患得患失
>
> ☐ 提分方法：沉着冷静自信，整体浏览试卷后再作答

有人说，在数学考试中，心态往往比实力更重要。考试时的心态，对不同类型的同学来说影响程度不同。对于平日成绩优秀的同学来说，心态的影响很小，因为这部分同学有能力解答大部分题目。对于平时成绩较差的同学来说，心态的影响也较小，因为这部分同学对很多基础题都感到困难，在遇到难题时，已经有心理预期了。因此，在数学考试中，心态波动较大的主要是平日里成绩居中的同学——当然，也是本书的主要读者。

一、为什么对大部分同学来说，心态比实力更重要？

大多数同学的数学基础还不错，但接触过的难题相对较少，解题经验也不足，最重要的是，这部分同学在考试中常常

缺乏自信和必胜的信念。

1. 从上考场就开始紧张

有些同学在试卷发下来时就开始感到紧张，甚至根本无法冷静答题。在紧张的情况下，有可能连一些非常简单的题目都无法得分，更不用说后面的一些较难的题目。紧张的情绪主要来自重大考试的压力、对自己表现得不自信以及对未知内容的担忧。

2. 被非常规的题目扰乱心态

有些同学在拿到试卷后，可以做对前面的几个常规的简单问题，但要是突然出现一个奇怪的非常规题目，一下子就能扰乱他们的心态，使得他们在答题时举步维艰。接下来的过程中，心里只剩下慌乱，连平时能答对的题目也会出错，无法发挥出自己真实的水平。

3. 重复验算导致答题速度缓慢

还有些同学的解题速度比较慢。这部分同学或许并非不理解题目，只是因为过度紧张，担心答错简单题目，以至于每道题都要重复计算至少两遍以确保准确，在基础题上浪费了大量时间。当这些同学看到试卷上还有许多需要深思的、未解的难题时，自然会因为思考时间不足而感到慌乱、思路跟不上，明明会的也因着急而答错，原本记住的内容也因着急而回忆不起来，更不用说那些非常规的难题了。

考试的成绩 90% 取决于对知识的掌握，而剩下的 10% 则取决于心态。然而，如果你无法掌控这仅占 10% 影响的心态，就很可能会导致影响高达 90% 的知识无法充分发挥。在考试中，最可怕的是明明会却写不出来，明明有能力却没有足够时间完成。尤其是在数学这类需要勇气和细致思考的科目中，我们必须拥有冷静、镇定的内心。

二、如何稳定心态，在考场上超常发挥?

要调整好考试时的心态并不困难，好的心态甚至能让自己在考场上超常发挥。

1. 沉着冷静

要以轻松的心态开始考试。拿到草稿纸后，我们可以有仪式感地在上面写下"冷静沉着"这四个字，时刻提醒自己要放松。

2. 整体把握

拿到试卷后，我们可以先整体浏览一遍。不要紧张，而以一种超然的心态对待——"他强任他强，明月照大江"——你不会的题目，别的考生很可能也不会，所以尽力就好。当遇到非常规的难题时，也要冷静下来仔细阅读题目，但切记不要花费过多时间，要学会舍得。如果你在一道题上花了 5 分钟，还没有思路，就果断放弃，避免自己在一道不一定能做对的题目上浪费太多时间，为后面有把握的题目留出足够的时间。

3. 培养自信

对于那些犹豫不决、做题较慢的同学来说，一定要培养自己在考场上足够的自信心。要告诉自己："我计算的结果是正确的，不容怀疑。"从试卷的第一题开始，你就要精神饱满、自信十足，而不要犹豫不决；在时间紧张的情况下，你只要认真地算一遍就可以了，不再重复算两三遍。

同学们在考试前必须给自己足够的信心，告诉自己"我能够胜利"。在考试中必须保持冷静，保证在答题上安排合理。不要犹豫不决；而要果断决策，要学会取舍。拥有一颗坚定的心，才能成为那个脱颖而出的佼佼者！

小细节 20
站在出题人角度，难题也会变简单

提分小档案

☐ 提分目标：站在出题人角度，降低难题解答难度

☐ 解决问题：不懂审题，难题不会解

☐ 提分方法：厘清题目考点，规避出题人设下的"陷阱"

在学习和考试的过程中，站在出题人的角度解决问题非常重要。很多同学花费了大量时间和精力进行复习，仍很难取得理想的成绩，一个重要原因是大家忽视了其中的关键点——题目是由考官出的，要想获得高分，就必须研究考官的思维方式。

一、为什么我们需要站在出题人角度思考问题？

其实，很多同学在考前只关注知识的研究，盲目按照自己的想法和节奏进行复习。最终，这些同学很可能发现自己白忙活了一场，根本没有复习到出题人要重点考查的内容。也就是说，这些同学采取了一种效率极低的做法，成绩自然很难有提升。

此时，进入"出题人"的视角就非常重要，因为这是应试和提分的有效策略。比如，中国国家队要与日本队进行乒乓球比赛，想要从日本队身上得分，那日本队就好比是中国队的"出题人"。中国队的队员们就不能只研究打球的技术，还需要研究日本队的打法，也就是研究"出题人"的"出题方式"。从这个角度来看，在考试中，出题人是同学们的对手，同学们想要取得高分，就不仅要研究知识，还要研究对手，也就是研究"出题人"的思维方式和考试方式。

正是因为如此，在考试前复习的过程中，同学们要避免只站在自己的立场上拼命、一厢情愿、毫无方向地复习，却忽略了研究对手——"出题人"的重要性，那样往往会得不偿失。我们可以扮演"出题人"的角色，以他们的视角看考点和考题，研究他们的思维方式。

二、如何站在出题人角度思考问题？

1. 理解问题的背景与目标

进入出题人视角，同学们首先要深入了解问题的背景和目标，这包括确定问题所属的数学领域、相关概念和定理，以及问题的具体要求和约束条件。只有全面地理解问题，同学们才能够准确地把握出题人的意图，并为解决问题制订明确的计划。

例如，考虑这样一个几何问题：求解一个三角形的面积。作为出题人，需要明确提供这个三角形的相关信息，例如，边长或顶点坐标，并明确要求解题者使用何种方法计算面积。同时，还需要确保问题的目标明确，即解题者要计算并给出正确的面积值。

2. 考虑可能的解决路径和思路

站在出题人的角度，同学们还需要思考题目可能的解决路径和思路，以便提供有挑战性和启发性的问题。我们可以通过设想出不同的方法、探索多种途径或者引导解题者从不同的角度思考问题来实现。

继续以前面的三角形面积问题为例。作为出题人，同学们可以设想出不同的解决路径，例如，使用余弦定理、把土木中的三角形分解成两个直角三角形来进行计算、应用向量点乘等。同学们还可以设计一些提示或引导，帮助解题者寻找正确的思路，并启发他们发现问题的潜在联系和解决方案。

3. 分析可能的错误解答和答案的合理性

作为出题人，还应该考虑解决问题时可能出现的错误和答案的合理性。这会让问题的设计更加严谨全面，同时也能帮助解题者避免一些常见的错误。

对于上述的三角形面积问题，同学们还可以设想出一些常见的错误解答，例如，计算面积时错误地应用了勾股定理，或者使用了错误的边长进行计算等。作为出题人，我们还可以思考自己有没有为图中给出的特殊角度添加相应说明。通过以上的思考，同学们可以更好地评估对题目解答的正确性。

综合来看，站在出题人的角度解决数学问题的思维方式，有助于同学们更好地理解那些具有启发性和挑战性的问题，培养自己深入思考问题和解决问题的能力。

小细节 21
多参加模拟考试，正式考试才能超常发挥

大部分同学可能都更看重正式的考试，对于模拟考试往往采取了轻视甚至是忽视的态度。但大家是否发现，有些同学在前期的考试中表现平平，随着经历了数次模拟考试，却突然在后期的考试中展现出超乎寻常的能力。

这是为什么呢？

或许答案就隐藏在模拟考试的本质之中——模拟考试作为一种全面、真实的模拟训练，不仅能评估同学们的知识水平，更能在与正式考试无比相似的环境中提高我们的应试技巧，培养我们调控心态的能力。甚至可以这么说，同学们只有多参加模拟考试，正式考试才能"超常"发挥！

一、为什么多参加模拟考试，正式考试才能超常发挥？

1. 适应考试压力

正式考试往往伴随着巨大的心理压力，这可能导致同学们在关键时刻感到紧张和焦虑，从而影响发挥。反复参加模拟考试，能够帮助大家逐渐适应考试的压力，增强应对能力，并建立自信心，从而在正式考试中更好地掌控自己的情绪。

模拟考试，其实是给同学们提供了一个与真实考试无比相似的环境。这种逼真的还原能使同学们习惯考试的紧张氛围和时间限制，从而减轻考场焦虑，提高应对能力。通过多次模拟考试，同学们还能更加熟悉考试的形式和内容，从而更好地掌握应对策略，提高解题速度和准确性。

2. 评估自我水平

模拟考试也为同学们提供了难得的机会，通过评估自己在模拟考试中的表现，就能发现自身的弱点和改进的空间，了解自己在不同知识领域的优势和不足，进而有针对性地进行知识补充和提高。这种及时的反馈和自我调整，能够帮助同学们不断完善自己，最终在正式考试中更好地应对各种考题，发挥潜力，达到应有的水平，甚至超水平发挥！

二、怎样应对模拟考试，正常考试时才能超常发挥？

接下来，我们将从科学的角度进行分析，学习怎样才能在一定程度上做到考试时超常发挥！

有位高三同学，在每次的月考中都名列前茅。但令很多人意想不到的是，她其实已经第三次重读高三了。前两次里，她的平时成绩一直很好，但高考的发挥却都不尽如人意。面对这种情况，大多数人都只会轻描淡写地说一句："那是因为她的心态不好。"事实上，每个人在考试时都会产生得失心理，这种心理会进一步滋生大家对失败的恐惧，就有可能最终影响考场发挥，只是程度不同罢了。

1. 放下得失

不仅在考场上，在平时的生活中，一旦我们追求一个目标，要对所做之事进行评估，就很容易失去轻松自如的态度，整个人变得紧绷起来。

这就好比阅读这件事，如果能不为功利目的，而是纯粹享受阅读的过程，那么一切都会自然而然。我们会顺畅地阅读，连一本厚重的书也能轻松地"啃下"。但当有一天，我们开始考虑如何从书中获取并留下些什么，思考如何记笔记、如何提高阅读速度等事情时，就要一边阅读，一边分出部分注意力来反思或质疑自己的方法是否正确和高效。从那一刻起，阅读变得困难起来，甚至无法顺利地进行下去了。

面对考试也是同样的道理，当我们陷入与自己的对抗、自我对话和挣扎中，就无法专注于考试本身，开始患得患失，担心最终的成绩不佳，害怕失败的后果，那么就必然会迷失自我，自乱阵脚。

2. 工作记忆的分配

那些非常害怕在考试中犯错的同学，可能会因为强烈的焦虑，从而导致考试成绩变得更糟糕。为什么会这样呢？这可能是因为这些同学把很大一部分的"工作记忆容量"都浪费在监测自己的表现上了，而分配给解答考题的"记忆容量"就被压得很少，不足应对了。

"工作记忆"又名"短时记忆"，指我们的大脑在解决问题的过程中，有一个用于暂时存放和加工信息的记忆系统。工作记忆相当于一个中间站，它的容量是有限的。我们把所需的信息从长期记忆中提取出来，放在工作记忆中进行存储、加工，处理完毕后，就能得到当下问题的答案。

工作记忆只能在解决完一个问题后，才能再进行下一波的信息处理。例如，要完成口算任务 $2 \times 4 \times 5 \times 6$，我们首先必须记住 2×4 等于 8 这个结果，其次还必须记住 8×5 等于 40，才能顺利进行下一步的计算，8 和 40 这两个结果就存储在工作记忆中。

3. 工作记忆的表现

在理解工作记忆的容量是有限的之后，我们就能了解，当一个人将工作记忆的一部分容量用于自我监测时，必然会对其整体表现产生影响。

在《认知天性：让学习轻而易举的心理学规律》一书中描述了以下实验。研究人员对一群法国的六年级学生进行了难题测验，其中的部分学生被告知"犯错在学习过程中是正常的"，这部分孩子在运用工作记忆方面表现得更加出色，胜过另一组未被告知的学生。其原因就是前者并未将工作记忆容量浪费在纠结任务的难度上。

以下是一位高三同学的真实经历：他在高三的第三次月考前，考试总分通常在550分左右。他意识到，自己当时已经浪费了太多备考时间，因此内心非常恐惧，状态不佳，时刻担心自己会在下次考试中表现不好，或者更差。他就这样带着"万念俱灰"的心态上了考场，他不再对自己设定任何期望了。尽管每做完一题，他都觉得自己答错了，但一直抱着"反正就这样了"的心态，一题接一题地将试卷完成。做题时，他全然忘记上一道题，不再在意自己是否答错，不预判自己是否会在这场考试中考得差。最后，他的第三次月考总分超过了650分，这大大超过了所有人的预料，包括他自己。那次考试成了他高中阶段的分水岭，从那之后，他跃入优等生的行列，并一直保持状态直至高考。

工作记忆的分配理论很好地解释了这位同学看似"莫名其妙被好运砸中"的经历。尽管行动起来吧，各位同学，我们都应该把更多的时间投入真正的行动，而不要将时间花在监测和反复审视自己中。一旦陷入自我评判和自我纠正，一定就无法超常发挥，甚至无法达到自己本应有的水平。

在行动时，不要思前想后；行动结束后，再进行思考和复盘。这样才能珍惜并善用你的工作记忆。

小细节 22
分配好答题时间，从容应对不慌张

提分小档案

☐ 提分目标：做好时间分配，考试更容易多拿分

☐ 解决问题：考试慌张，时间不够

☐ 提分方法：考前、考中合理分配时间，明确答题策略

时间管理在数学高考中扮演着至关重要的角色。很多同学长期苦于无法提升自己的数学成绩，但自己明明有 120 分的实力，却总是在 100 分上下徘徊——很可能正是由于没做好考前、考中的时间分配——这是非常吃亏的。

接下来，我们来探讨如何在数学考试上合理分配时间。

一、考前、考中时间分配策略

首先，时间是中、高考数学考试中的关键——它是有限的资源。考试限制同学们在有限的时间内完成大量试题，如果时间分配不合理，就会陷入时间不足的困境，导致无法完成所有的题目，或者在过分紧张的情况下出现错误。因此，有效地管理考试时间，才能确保有足够的时间去仔细思考和解答每道考

题，以此为基础，才有机会提高解题的准确性和质量。

以高考数学为例，其中选择题占 60 分，填空题占 20 分，剩下的解答题占 70 分。因此，合理的时间分配大约是：选择题 40 分钟，填空题 10 分钟，前三道大题各 10 分钟，之后的两道题各 15 分钟，留 10 分钟给最后的两道难题以取得应得的分数。以上的时间分配策略对同学们普遍适用，在基础知识掌握到位的情况下，按照这个时间分配拿到 130 分大致不成问题。

1. 充分利用考前 5 分钟

考试正式开始前的 5 分钟是分发试卷和填写身份信息的时间。虽然这 5 分钟不允许同学们动手答题，但可以先浏览试题。很多同学在拿到试卷后，就立即从第一道题开始仔细阅读，而笔者建议大家利用这段时间为自己制订整体的考试策略。在看到试卷之前，可能在心中对考试策略做过预先的设想，但当你真正看到试题后，需要迅速利用考前的 5 分钟制订本次考试的整体策略。

2. 进入考试先审题

考试开始后，同学们请记住：千万不要急于动笔写答案，审题一定不要着急，一定要细致。数学题的题干中往往包含着解题的关键信息，可能隐藏在某一个字或某个数据中。如果你找不到解题的关键——要么是没有读懂这个字或数据，要么是误解了题意，则可能导致解题方向完全不对。

对于自己已经掌握的题目，解题过程并不会占用同学们太多时间，真正花费时间的是审题和思考思路的过程。一旦找到正确的解题思路，简洁、规范地写下解题步骤，并不太费时。

3. 节约时间的关键是一次做对

希望同学们在不断的考试过程中，培养自己"一次就做对"的习惯，不要依赖最后的检查来弥补错误。越是重要的考试，通常越没有时间进行检查。因为随着题目的展开，难度是逐渐增加的，你很可能会陷入考题而无法自拔。当你抬起头时，可能已经开始收卷了。

合理的时间分配有助于提升解题速度，高考数学试卷通常包含大量的题目，其中有些题目比较简单，而其他题目是更加复杂的。通过合理地分配时间，同学们可以在相对简单的题目上迅速得分，留出更多的时间来应对较难的题目。这种策略可以最大限度地提高解题速度，提高整体得分。

二、答题策略选择

答题的时间分配帮助大家更好地控制答题进度，也恰恰反映了同学们的答题策略。同学们可以在刚开始考试的时候就迅速制订一个时间计划，根据每个题目的难度和具体所需时间来整体分配。这样做可以避免自己陷入单个题目中而费时过多的困境，保持考试整体进度的平衡。如果同学们严格按照时间计划答题，就可以更好地掌控自己的时间，避免因时间不足而匆忙作答，甚至漏答一些题目。

1. 遵循先易后难的原则

通常情况下，选择题的最后两题、填空题的最后一题以及解答题的最后两题被公认为是"难题"。当然，题目的难易程度因人而异，对部分同学来说，有些"简单题"也可能是自己的"难题"。一般而言，如果思考一道小题超过 1 分钟而没有找到解答方案，就应该采取"暂时性放弃"的策略，先完成其他自己有信心、有能力答对的题目，然后再回头补答。

2. 善用独特的解答方法

在解答选择题时，需要对选项做重点把握，因为它们是已知条件，利用选项之间的关系可以使你的答案更准确。但切记，不要夸大小题的重要性。解答选择题的思路可以是：首先，从题干出发考虑，探求结果；其次，从题干和选项联合考虑；最后，从选项出发，探求满足题干条件的可能性。

解答题、填空题的基本方法包括：直接求解法、图象法、构造法和特殊化法（如特殊值、特殊函数、特殊角、特殊数列、图形的特殊位置、特殊点等）。对于具体如何求解填空题，同学们可以查看本书中的小细节 11 部分。

3. 细答解答题

（1）规范答题很重要，找到解题方法后，书写要简明扼要，快速规范，不拖泥带水。我们已经了解，高考评分是按照步骤给分的，并允许合理地省略非关键步骤（这些步骤可以在草稿纸上演算完成）。在我们答题时，要尽量使用数学符号，这比文字叙述更节省时间且更严谨。即使解题过程比较简单，也要简要地写出基本步骤，否则会被扣分。一些同学的卷面上经常出现"会而不对"或"对而不全"的问题，这将导致同学们的自我估分与实际得分相差很大；特别是如果在立体几何题中"跳步"书写，就很可能导致丢分。因此，同学们应该尽可能详尽、准确地书写解题过程，并注意不要超出答题区域。

（2）分步列式，尽量避免使用综合式或连等式。我们要写出每个步骤对应的式子，只要表达正确，就可以得到相应的分数。然而，有些同学喜欢使用综合式或连等式，这种方式不好，因为只要你写下的综合式或连等式中出现了一处错误，就可能丢掉相应的全部过程分。因此，对于没有得出最终结果的试题，分步列式可以在很大程度上增加得分机会，获得相应的过程分。

（3）尽量使用通用的证明过程和计算方法。解题时使用通用符号，不容易吃亏。有些考生为了图简便而使用一些特殊方法，一旦结果有误，是很影响得分的。

注重时间分配还可以减轻考试压力。面对高考，同学们大都感到非常紧张，时间压力是其中的一个主要因素。如果同学们缺乏良好的时间管理能力，就会因为时间压力加剧紧张和焦虑的情绪，对解题能力和速度产生负面影响。通过合理地分配时间，并根据计划有序地答题，同学们就可以更好地缓解紧张和焦虑，从而提高自己的解题效果。

总而言之，数学高考要注重时间分配的原因和意义是多方面的。通过有效地管理时间，同学们可以更好地利用有限的资源，提高解题速度和质量，自如地控制答题进度，减轻考试压力。因此，同学们应该充分认识到时间管理的重要性，并在备考过程中培养良好的时间管理习惯。

第四章

综合提升，
培养数学能力

小细节 23
制订数学学习计划，合理分配时间

提分小档案

- [ ] 提分目标：制订学习计划，有效利用时间
- [ ] 解决问题：盲目用功，无效学习
- [ ] 提分方法：明确提分目标，合理分配任务，制订每日计划

不少同学对如何有效提升学习成绩而深感焦虑，总是感到时间不够用，常常思考如何才能挤出更多的时间——减少睡眠和用餐时间、压缩休闲娱乐时间等，想要将一切非学习时间压缩到极限。

在时间利用已经达到如此极致的地步后，还有改进空间吗？但实际上，"时间并非至关重要，效率才是关键"。

某位心理学家曾进行过一项有关冥想的实验，以研究噪声对大脑的影响，以及如何提高学习记忆和智商。这位心理学家从实验结果中发现，当人们完全专注于某事时，大脑会与其建立更深厚的情感联系，以提高自己将来回忆这些事情的能力。

一、为什么我们需要合理制订学习计划？

1. 摆脱低效的过去

义务教育阶段的学习计划与时间管理的重要性是不容忽视的，对高中阶段更是如此。同学们面临着更加复杂和广泛的学科内容，制订学习计划可以帮助大家合理安排时间，有效地掌握知识。

学习计划可以帮助同学们提高学习效率。制订了明确的目标和时间表，才能够合理分配时间，有针对性地安排学习内容。这样一来，同学们可以集中精力、减少拖延，更好地专注于学习任务。此外，学习计划还能帮助我们更好地控制学习进度，避免因拖延症或压力过大而导致的学习成绩滑坡。尤其在刚进入高中阶段的时候，很多同学都没有明确的学习计划，对学习感到迷茫，没有前进的方向，这非常不利于学习效率的提高。同学们务必要制订属于自己的学习计划。

2. 培养自律的自我

学习计划有助于培养同学们的时间管理能力，养成自律的习惯。同学们在高中阶段会面临大量的学习任务和课外活动，还会产生很多社交需求，如果没有良好的时间管理能力，就很容易陷入浪费时间而导致每项任务都显得十分紧迫的困境中。自律，并非高中阶段或数学学习所特需的，而是贯穿于每个人的生命中的。通过制订学习计划，我们就可以学会设定优先级，根据任务的紧急程度和重要性来安排时间。这样的实践造就自律的自我，为未来更长远的学习和职业生涯奠定坚实的基础。

3. 真正地爱上学习

制订学习计划还能提高同学们的学习动力，对学习有目标感。当一个人拥有明确的学习目标，将其细化为可行的步骤，并分配好执行的时间段时，一定能更清晰地感受到学习的进展，更容易获得和体会成就感。这些积极的反馈循环激发同学们的学习动力，进一步增强目标感，让人更加坚定地投入学习。每次完成目标，都让人体会到类似在游戏中"成功打怪升级"的感受，满怀激动地奔向下一个目标，最终形成一种完整的正向循环。

二、如何合理制订学习计划，才能有效利用时间？

鲁迅先生曾经说过："时间就像海绵里的水，只要愿挤，总还是有的。"只要合理分配时间，提高对时间的利用率，就会感觉到有限的时间已经足够提升学习效率。同学们可以将时间管理法运用到学习当中的每个环节，让学习、复习、备考、冲刺都变得更加高效！

1. 找到明确目标

在开始制订学习计划前，先要明确自己的学习目标，包括期望达到的水平和所需掌握的知识。学习目标应该是具体而明确的，并且与个人的实际水平相符。一般需要先进行评估：你现在需要多长时间，才能做完一份完整的数学试卷？假设你目前的数学成绩在80分左右，那么需要经过多长时间的复习，才能将成绩提高到90分并保持稳定？假设处于高中阶段的你，目前的成绩在120分上下，那么你是否能将满分150分作为目标？"路虽远，行则将至"。将这些具体的目标写下来，一段时间后进行核对，你会惊讶地发现自己真实地取得了巨大的进步，你将为自己的潜力和努力感到自豪！

2. 合理分配任务

同学们还要根据自己对每门课程的掌握情况，把时间合理分配给不同的学科、不同的知识点，将更多的时间分配给相对薄弱的内容。我们要明确主次关系，根据任务的紧要程度来分配所需的时间比重和先后顺序。在数学学科上，我们要清楚自己究竟在哪些知识点上有所欠缺，向量还是解析几何？又或者是自己的做题速度太慢。接下来就能针对这些弱项进行有计划性地提升。千万不要随意地分配时间，这很可能反而会降低学习效率，让我们达不到预期效果。

3. 制订每日计划

学习计划还可以进一步分为长期计划、中期计划和短期计划。每天的学习计划就属于短期计划，应该与中期计划和长期计划保持一致。换句话来说，就是我们每天在不同时间段学习哪些内容，也应该有相对稳定的安排。在此基础上，每天的学习计划还应根据当天的实际情况进行调整，这就是对中期计划的局部调整，在有限的时间和空间内科学安排具体的学习内容。短期计划的内容较少，一般不需要书面形式，也不需要安排整块时间，可以在睡前或当天早上思考一下即可。

4. 与教师计划协调

个人的学习计划还应该与教师的教学计划相配合，同学们要根据自己老师的整体计划来制订或调整自己的小计划。每次考试结束后，都是同学们与老师讨论和交流的好时机，这时既针对自己在本次考试中暴露的问题进行分析，又能在老师的帮助下明确接下来的学习方向。这样一来，同学们既能抓住下一步的主要方向，又能照顾到自己的个性化需求，一举两得。

5. 随身携带纸笔记录

在追求知识的漫漫征途中，同学们要养成随身携带纸笔的习惯，这样就可以随时记录那些突然浮现的知识点或灵感。此外，你们还可以准备便携的资料卡，时不时拿出来查阅。这些资料卡可以包含公式定理、常见题型、简单例题等内容，对大家的短时间记忆极其有效。

6. 留下缓冲时间

最后，同学们还要知晓，时间管理并不是要求你们"无情地压榨自己",而是更科学地分配和利用时间。与其将计划表排得满满当当,不如在每个大任务之间留下适当的休息和缓冲时间,劳逸结合才能使学习效率最大化,避免在疲劳的状态下勉强完成任务,不仅效率低下,还容易让大家对学习产生厌倦情绪。

学习时认真,娱乐时尽兴——这不仅针对求学过程,在未来的人生道路上,学习和休息也将继续以一定的节奏交替进行。

小细节 24
给自己定位，寻找专属的数学复习方法

提分小档案

☐ 提分目标：给自己定位，寻找专属的复习方法

☐ 解决问题：东施效颦，一味模仿别人的学习方法

☐ 提分方法：针对自己采取具体措施，养成习惯，善于取舍

有人说过这样的话："自从小学四年级那年的一节数学课上，我不慎将笔滑落到地上，当我低头捡起它后，就再也没有完全理解过数学课程。"

尽管这种表述略显夸张，但事实上，数学中各个章节的知识点确实相互关联，稍微错过一个小知识点，就可能导致对整个知识的理解为空白，并难以跟上后续的内容。

作为高中三大主科之一，数学的考试分值占比较高，可以说是一门既容易得分、又容易失分的科目。同学们要是粗心大意地阅读题目，往往会出现不必要的丢分。因此，同学们在数学这门科目上的考试中最应该避免心浮气躁，要沉下心来审题，并按照逐步递进的难度来答题。

一、针对自己的学习情况，采取具体的措施

学习、吸收和应用知识是因人而异的，数学学科尤其如此。每个人的状况不同，因此不能完全模仿别人的学习方法。以下是成绩优异的同学大都认可的几种学习方法，请同学们结合自身情况来考量它们是否值得参考，又应该如何借鉴。

例如，在记录数学笔记时，可以特别关注老师对概念的多方面阐述、对同一数学规律的转化表达，以及课堂上所介绍的知识扩展。另外，还可以记录下知识章节中最有价值的思维方法或例题，以及自己还未解决的问题。

又如，可以使用数学纠错本，或者叫错题本，记录自己在哪些知识点或推理方面常犯错误，以免再次犯错。使用错题本时要力求做到以下几点：发现错误、分析错误、改正错误、预防错误。我们还要尽力达到以下目标：从错误的角度入手，深入理解正确的内容；通过追溯错误的原因来找出问题所在，并对症下药；解答问题时过程完整且推理严密。

我们可以经常复习数学规律和小结论，这能使自己在不知不觉中以自动或半自动的状态熟练使用运算技能。我们还可以经常整理知识结构，使之形成不同板块，用表格或思维导图等形式清晰地展现出来。另外，也可以经常对习题进行分类，从一个例题到一类题，再从一类题到多类题，最终将数学知识串联整合起来，并将几类问题归纳到同一种解题方法中。学会从

多个角度和层次进行总结与分类，例如，从数学思想的分类角度、从解题方法的分类角度、从知识应用的分类角度等，使所学的知识系统化、专题化和网络化。

同学们要养成在做题后反思的习惯，思考所用到的基础知识、数学思维方法是什么，为什么要这样思考，是否还有其他的想法和解法，本题的分析方法和解法是否可以应用到其他问题中等。

二、建立良好的数学学习习惯

习惯是通过反复练习而巩固下来的，稳定且持久的自发行为。建立良好的数学学习习惯可以使学习过程更加有序和轻松。在高中阶段学习数学，我们可以采用一些良好的学习习惯：积极提问、勤于思考、注重实践、善于总结、关注应用。此外，还要预习课本内容、专注听讲、及时复习、独立完成作业、解决难题、系统总结，并且进行课外学习。同学们在学习数学的过程中，要注意将老师所传授的知识转化为自己独特的语言，并牢记在脑海中；也要注意每天都保留一定的自主学习时间，以拓宽知识面，培养自主学习的能力。

三、做出适合自己的选择

在处理数学问题时，我们需要考虑两个核心指标：速度和准确性。在解决速度和准确性之间的矛盾时，则推荐采取"先求速度，再求准确性"的策略。

一种方法是设定时间限制，要求自己在规定的时间内尽可能完成题目，然后自行检查并评分。要知道，在高考中尤其体现"时间就是胜利"。很多同学之所以出现在规定时间内完不成数学题的情况，平时缺乏高强度的训练就是重要的原因。

也有一些同学并不喜欢，也不认同这种"先求速度"的方式。这部分同学无论是写作业还是做测验时，都会将"准确性"和"通用方法"放在第一位，而不是单纯追求速度或技巧。如果能得心应手地使用这种方法，也是不错的选择。毕竟，要采用何种处理数学问题的方法，是因人而异的。

在数学考试中往往有很多易错题，这些考题通常具有思路新颖、难度系数高和灵活性强等特点。要战胜这些易错点，应该采用多次解疑、认真反思、总结规律、阅读参考书籍等方法，也可以与同学多交流、积极向老师请教，想方设法地进行更多的变式练习，以便牢固掌握知识，灵活运用知识。

要顺利适应高中的数学学习，在数学成绩上取得明显的提升，只要学习方法正确，坚持不懈，充满信心和努力，克服急躁心态和依赖"小聪明"的倾向，加强交流和反思，并养成良好的学习习惯，就不难实现。

在高考中，数学可以说是最容易提分的科目，因此只要在日常的学习中养成良好的学习习惯、选对适合自己的方法、做好充分的准备，相信同学们都能够在考试中获得满意的成绩！

小细节 25
培养自主学习意识，拒绝"填鸭式教育"

提分小档案

☐ 提分目标：培养自主意识，拒绝"填鸭式教育"

☐ 解决问题：跟风学习，自主学习动力不足

☐ 提分方法：培养学习兴趣，注重不同阶段的衔接教育

你是否觉得自己在学习的时候，知识只是以"填鸭"的方式，被不断灌输进来；反观班级里优秀的同学，则往往有大把精力去学习额外的知识。其中的差距其实并不在于智商，而是对方比你对数学更感兴趣，更有自主学习的意识，而非完全依赖老师。

那么，同学们该怎么做才能拒绝"填鸭式教育"，培养学习的自主意识呢？

一、培养数学学习兴趣

我们可以将培养对数学的学习兴趣的过程描述为一个从自发的"感性乐趣"逐渐转化为明确的"理性认知"的过程。同学们可以通过这样的过程，成为一个热衷于数学学习的人，并

最终取得成功。

1. 课前预习时，要产生疑问，并且保持好奇心。

2. 在听课时，注意听老师的讲解，其中蕴含的节奏感能在视听方面提供一定程度上的刺激，给你带来一些"兴奋感"。在听讲解的过程中，以欣赏音乐的方式来对待老师的停顿、提问、使用教具和模型做演示，这样就能轻松愉快地解决预习时记录下的疑问。

尝试这样做的核心是，将课堂和学习当作你感兴趣的事物来看待，不要预判它是枯燥、难熬的。

在此过程中，提高专注度，及时回答老师的提问，培养与老师的思维同步的能力，并将老师对你提问的评价看作促进学习的动力。

3. 在听课时，还要留意老师讲解时运用的数学思想，多问"为什么"，思考老师采用的思考方式的原因。

4. 将数学概念与现实生活联系起来。所有的学科都是从实际问题中归纳出来的，数学概念也是如此。例如，角的概念、直角坐标系和极坐标系的产生都是将实际生活中对几何图形的研究抽象化后提取出来的；导数则经常应用在银行存款利息的计算中。只有将概念与现实生活相结合，才能真正理解概念，并在应用概念进行判断和推理时更加准确。

二、培养自身的多方面能力

传统的教学往往采用"满堂灌"的方式，老师将知识一股脑儿地传授给同学们，大家成了知识的被动接受者。这样基本上依赖于老师所传授的知识内容，会导致同学们的学习过程相对单调，缺乏对数学知识的深入拓展。而且，老师只能按照教学目标的设计将教材知识传达给学生，无法完全了解同学们的学习发展特点和接受情况。

然而，一旦同学们培养出自主学习的能力，就能够在课堂上自主学习、思考和探究，并积极参与与老师的互动。老师也能更好地了解学生的想法，并有针对性地拓展教学内容，促进学生更好地进行自主学习，逐步提高学生的学习效率，从而形成一种良性循环。

三、不同阶段的衔接教育

从小学到初中，从初中到高中，数学学习的难度是阶段性上升的。因此，在某一学习阶段的开端，出现不适应是非常正常的现象。同学们需要在不同的阶段采取不同的学习方法，以应对不同阶段的学习特点。它们有相似之处，但具体措施有所不同。

1. 掌握良好的运算能力是学习数学的基础

在初中阶段，培养数学运算能力尤为关键，因为初中代数的核心内容与运算息息相关，包括理数运算、整式运算、因式分解、分式运算、根式运算和解方程等。初中时期的运算水平将直接影响高中数学学习的成果。从当前的数学评价体系来看，准确的运算仍然是非常重要的。频繁出现运算错误会削弱同学们对数学学习的信心。此外，运算能力欠佳的同学通常表现出粗心大意、不求甚解、对难题有过高的期望但实际表现不佳等问题，这些都阻碍了数学思维的进一步发展。

2. 掌握基础知识的前提是理解和记忆

根据建构主义的观点，理解是用自己的话解释事物的意义。一般而言，记忆是个体对经验的识记、保存和再现，是信息的输入、编码、存储和提取。在回忆时，使用关键词或提示语是一种有效的记忆方法。例如，当看到"抛物线"这三个字时，同学们可能会想到：抛物线的定义是什么？标准方程是什么？抛物线有哪些性质？关于抛物线有哪些典型的数学问题？同学们可以像这样先写下自己的想法，然后再查找和对照，以加深记忆。

此外，在数学学习中，要将记忆与推理紧密结合。例如，在三角函数章节中，所有的公式都是基于三角函数定义和加法定理推导出来的。如果在记忆公式的同时掌握了推导公式的方法，就可以有效防止遗忘。

总而言之，有序整理数学基础知识，并在理解的基础上进行记忆，可以极大地推动数学学习的进展。

3. 数学思维与哲学思想融合是学习数学的高层次要求

数学思维方法并不是孤立存在的。在解决问题的过程中，这些方法可以相互转换和补充。例如，直觉与逻辑、发散与定向、宏观与微观、顺向与逆向等。当我们在使用一种方法受到限制时，可以有意识地转向与其相对立的方法，这也许会让你觉得"山重水复疑无路，柳暗花明又一村"。例如，在解决一些数列问题时，除了运用演绎推理，还可以运用归纳推理来求解通项公式及前 n 项和公式。

理解数学思维中的哲学思想，并在哲学思想的指导下进行数学思维，是提高数学素养、培养数学能力的重要方法。

总之，同学们要重视培养运算能力，扎实掌握数学基础知识，并且尝试从哲学的角度反思自己的数学思维活动，这样才能早日进入数学学习的自由王国。

小细节 26
放弃题海战术，也能轻松赢分

提分小档案

☐ 提分目标：放弃题海战术，轻松赢分

☐ 解决问题：疯狂刷题依然无法提分

☐ 提分方法：明晰刷题的弊端，只刷精品题目

近年来，随着教育体制的改革和教学理念的转变，越来越多的教育工作者开始强调对学生的综合素质的培养，而非仅仅关注分数的高低。在这样的背景下，有人提出了"放弃题海"的理念，主张不再盲目追求题海战术，而是通过其他方式获取知识和提升能力。这一理念引发了广泛的讨论和争议。

在传统的题海战术下，许多同学认为学习的本质就是做题，对自己主动理解和归纳理科相关概念感到异常艰难。同学们常问："我做了很多试卷，但为什么没考出更好的分数？"家长们也疑惑："我们的孩子平时非常努力，为什么在成绩上没有明显的提高？"

这是因为数学学习的本质并不仅仅是做题，还涉及对概念和公式的记忆、理解和灵活运用，做题只是应用环节中的一小

部分。就好比要学习蛙泳，你需要掌握腿部动作、手部动作、身体重心控制、换气等多个要素。如果只是每天练习憋气，自然是无法真正学会游泳的。

一、题海战术的缺陷

1. 增加负担

高中阶段的课业压力长期以来都是非常沉重的。以已经进行了高考改革的浙江省为例，同学们在高一阶段需要学习十门课程，并参加相应的学业水平测试；到了每年六月的全国统一高考时，虽然同学们仅必须参加语文和数学这两门科目的考试，但外语和另外三门学科，则需要在此前完成两次考试。简而言之，同学们从高一开始，就要进入高考状态。类似的改革也在其他省市陆续推行。

2. 重复劳动

实际上，如果有同学用参考书做过练习，就会发现其中的很多题目很可能出现在周末练习卷和章节测试卷中，特别是中等难度以上的题目，它们重复出现的概率非常高。这也是为什么这些同学反映，在做完某些参考书后，他们会做周末练习卷和章节测试卷，也知道如何解答平日里的很多考题的原因。这些同学还可能会高呼："某某练习真的有效！"或者"某某参考书真的很有用！"

然而，让我们深入思考一下：自己平时做练习卷和测试的目的，是为了在这些测试中取得高分？还是为了证实自己曾经做过哪些具体的题目？其实，以上两者都不是我们的真正目的。单纯在某几次测验中取得高分，或者因为提前做过某些题目而在练习卷中取得全对的成绩，这些都是无关紧要的。我们做练习和考试的真正目的，是为了发现自己的不足，然后认真地去弥补这些短板，最终避免在高考中犯同样的错误。

　　即便我们没有做某些参考书上的练习，在一些练习卷和测试卷中也会遇见类似的题目。如果此时你答错了，在向老师请教后订正，同样也能达到解决问题的目的。如果你还能进一步将这些问题整理在错题本上，将平时刷题的时间转换为查读错本的时间，那你对于题目的理解肯定比单纯刷题的效果更为深刻。倘若由于长时间刷题导致了麻木与疲倦，反而让你容易忽视一些自己并未理解到位的问题，以至于隐藏了你的薄弱点。直到在高考考场上才暴露出来的问题，这才是真正致命的。

　　在一份试卷上，并非每道题都值得特别重视，或有重点练习的价值，反复练习那些自己已经掌握的题目，无疑是一种重复而无意义的劳动。更可怕的是，有部分同学机械地刷题，只要答对题，就觉得自己很厉害而满足；答错了题，却只是简单地抄写上正确答案。这样就是盲目地使用题海战术，即使你做完一百本参考书，一千份练习卷，仍然只会解自己以往已经会的题目，不会的题目仍然不会，这样刷题的意义究竟何在？

3. 磨灭兴趣

每个人的时间和精力都是有限的。很多时候，如果我们过度专注于解题，就无法兼顾概念理解和深度思考。频繁地刷题，还可能让部分同学对数学产生刻板印象和强烈的抵触情绪，难以体验数学的乐趣。

数学的本质是抽象的，它是自然规律、逻辑的体现，是一种思维游戏。数学也是一种强大的工具，可以运用严密的逻辑推导公式，用开放的思维寻找最佳解决方案。也许在多年后，我们不再重视数学的具体计算，但是数学给我们留下的思维模式和逻辑技巧，将会让我们终身受益。

另外，数学本就不是枯燥的学科。喜欢历史的同学，不妨抽空阅读数学史，你会看到阿基米德是如何通过自己对数学的专注影响了后代，阿贝尔的过早离世又是多么令人遗憾，欧拉如何在失明后凭借心算解决了众多问题。对游戏感兴趣的同学，可以尝试学习编程，体验程序员在严密的数学逻辑操控下，用代码创造出虚拟世界中的乌托邦。热衷体育的同学，则可以观察和琢磨C罗是如何利用身体角度和触球的部位踢出绝妙的弧线球，卡特是怎样凭借惊人的弹跳力跃过两米高的中锋，库里又是如何依靠出手速度、投球角度和旋转极度保持着极度准确的三分球命中率。

数学的逻辑和推导是整个科学大厦的基石之一，数学无处不在，它实实在在地影响着我们生活的方方面面。

可见除刷题之外，同学们还可以用很多方式去发掘数学中的"宝藏"。我们如果将时间线拉长，更能发现单纯追求数学考试分数的高低，甚至显得不那么重要了；我们在数学学习中获得的其他能力，才是在真实生活中达成人生理想，追求幸福的重要依靠。

二、放弃题海战术后，我们应该做些什么？

1. 提高听课效率，保持正确心态

以上所做的分析，并不是让每个人都完全放弃做课外题，而是希望同学们能够提高在学校里的听课效率，并保持正确的心态。将每次作业当作一次考试来完成，暴露问题并解决问题；将每次考试视为一次高考，探索自己的错误分布并进行整理和反思。如果我们的时间和精力允许，是可以适当地做一些高考真题或模拟试卷的。做真题和模拟题的最好方法是挑选出与当前正在复习的专题相关的题目，比如，在复习三角函数时，就可以选择真题中与正弦、余弦相关的大题和选择题，然后设定时间限制来完成，最后整理出不会做或做错的题目，向老师请教，直到弄懂为止。

2. 全面发展，深入学习

放弃题海战术并不意味着轻视学业或成绩，而是要重视在学习中探索更为全面的发展路径。传统的学习方式偏重学科知识的堆砌和应试技巧的训练，也正因为如此，同学们才通过大量刷题来应对考试，追求高分。然而，这种机械重复的学习方式往往限制了思维和创造力的发展，让同学们缺乏对知识的真正理解和应用能力。相较之下，放弃题海战术、追求综合素养的教育方式，更加注重锻炼同学们的创新思维、批判思维和合作精神，综合培养同学们的自主学习能力和问题解决能力，真正适应社会对人才的需求。

放弃题海战术也不意味着放弃学科知识的学习，而是更加注重知识的质量而非数量。同学们可以有针对性地学习与自己兴趣相关的学科知识，培养自己的专长和深度思维。此外，同学们还可以通过广泛的阅读、参加社会实践、参与社团活动等方式，拓宽自己的知识面和视野，提高综合素养。

要知道，教育的目的不是追求分数，而是培养人才的全面发展。只有放弃无意义的刷题，才能从繁重的课业压力中解脱，通过探索兴趣、培养爱好，找到属于自己未来的人生方向。

小细节 27
激发探究精神，培养独立解题能力

> **提分小档案**
>
> ☐ 提分目标：激发探究精神，培养独立解题能力
>
> ☐ 解决问题：做题依赖答案，没有自己的思路
>
> ☐ 提分方法：抄写推理与结论，明确学习计划，利用学习资源

数学的学习是一项既有挑战性，又充满乐趣的活动，仅仅死记硬背公式和解题方法是远远不够的。为了真正理解数学的本质，培养探索问题和自主学习的能力至关重要。

一、为什么要激发探究精神，培养独立解题能力？

首先，探索问题是一种培养逻辑思维能力的有效方法。数学是一门基于逻辑和推理的学科，通过探索问题，同学们能够理解数学概念的内涵和逻辑结构。解决问题需要思考和分析，从而发现规律和模式。在这个过程中，同学们不仅是在解决一个个具体的问题，更是在培养思维能力。学会提出假设、构建证明、推理推导，这些思维方式对深入理解数学的内涵和逻辑结构都是至关重要的。

其次，探索问题能够激发学习兴趣和动力。当我们面临新的问题时，都自然地感到好奇，渴望寻找解决方法。这种主动性和积极性是自学的重要驱动力。相比于被动地接受知识，通过自主探索问题，同学们会更容易投入学习中去，从而培养对数学的兴趣。在解决问题的过程中，我们可能会遇到挫折和困难，但这些挑战反而能够激发学习的动力，促使自己不断尝试和探索。

最后，探索问题能够培养解决问题的能力。在现实生活中，我们会遇到各种各样的问题，通过数学的学习，可以培养分析各种问题、提出解决方案和实施方案的能力。这些技能是跨学科的，可以应用在其他的学科和领域中。在解决问题的过程中，我们还会经历试错和反思，从中学习和成长。这种自主学习的能力是终身学习的基石，为我们在不断变化的世界中保持竞争力打下坚实基础。

此外，探索问题可以培养创新思维和创造力。数学是一门富有创造性的学科，其中蕴含着无限的可能性。通过自主探索问题，我们会发现新的解决思路和方法；在解决问题的过程中，会灵活运用已经掌握的数学知识，尝试新的思维模式和方法。这种创造性的思维过程对于培养创新能力非常重要。

二、如何探索问题，拥有自学的能力？

1. 抄书中的推理与结论

很多同学喜欢在自学的时候，抄写书中的一些结论。抄书这种方式较适用于自己比较熟悉但还未深入了解的领域——有时候已经通过看书了解了一些结论，对概貌还算熟悉，但还需要深入了解。这时候，用抄书的方式"逼"自己慢下来，确实是一种不错的选择。抄书，成了一种调整阅读节奏的方式。

实际上，自学的目的不仅在于掌握新的方法和技巧，还要吸收新的想法。总体而言，目的只有一个，即发现自身现有的知识体系无法解决的问题，并对此进行扩充。因此，抄书这一方法确实有可行之处，特别是在自己的知识体系尚未完全建立、基本方法和习惯尚未养成时。

然而，抄写这种方法也存在局限性和缺点。局限性在于它更适用于那些强调逐步实现的具有技巧性的数学问题，这种问题的解决过程可以相对准确地反映出思维过程，相关细节和技巧也将在以后的学习中得到应用。然而，一些偏向代数的问题更依赖于思维过程，书写下来的只是思维结果，这两者并不完全一致。那么，针对代数问题的抄书效果会相对较差。

抄写方法的缺点则是容易被细节淹没，迷失方向。抄写到最后，我们可能只收获了一堆细节，对整体却了解甚少。更糟糕的是，我们可能根本不清楚可以用这些细节来做什么。

为了避免以上问题，"重现"和"模仿"是比抄书更好的方法。"重现"指的是合上书本，独立完成定理的证明。这时，我们不得不思考证明的逻辑链条是如何构建的，每个步骤是如何得出的，它们的目的是什么，使用了什么技巧和方法，从而真正理解证明过程。"模仿"是根据定理的证明进行仿效，改变一些条件或要求，观察能得出什么结论。或者更简单地说，"模仿"是针对定理的内容进行具体操作，尝试一些非常规性的例子。通过这样做，我们会更清晰地理解该定理的功能，以及何时需要使用它或与之类似的内容。

2. 制订明确的学习计划

自学数学需要有明确的学习计划和目标。首先，要合理安排学习时间，尽量保持每天有一定的学习数学的时间，并在这个时间段里确保集中精力，进行学习。其次，要分阶段地制订学习目标，逐步提高难度和广度，循序渐进地进行学习。再次，要制订每个阶段的具体学习任务和计划，并定期检视和调整学习进度。数学的本质是解决问题，因此自学数学要培养问题意识，学会提出问题并思考解决问题的方法。在学习过程中，遇到难题时不要轻易放弃，要思考和探索解决的可能性。我们可以通过拆分问题、寻找规律、举例验证等方法来解决问题。同时，我们也要注重实践和反思。在学习过程中，要进行大量的练习和实践，将理论知识应用到具体问题中去。通过实践，加深对数学知识的理解和记忆，并提高解决问题的能力。最后，要及时反思学习过程和方法，总结经验和教训，达成不断调整和改进学习策略的目的。

3. 积极利用学习资源

自学并不意味着我们完全不听课，不与别人交流；恰恰相反，自学数学需要善于利用各种学习资源。例如，我们可以通过图书馆、书店或在线平台，获取优质的数学书籍或教材，用于参考和研究；我们也可以参加数学学习社区，或者加入论坛，与他人交流学习心得和解题方法，获取互助和启发；此外，我们还可以利用各类数学软件和在线工具进行练习和实践——数学建模软件、数学题库和数学演示工具都是不错的选择。

在自学的时候，我们要对数学怀有兴趣和热爱，将其视为一种乐趣而不仅仅是任务，要相信自己有能力理解和解决数学问题，保持耐心和恒心。数学学习是一个渐进的过程，需要持之以恒地进行。

最后，探索问题也是一种享受数学之美的方式。数学是一门美丽、优雅的学科，蕴含着丰富的思想和理念。通过探索问题，同学们可以深入体会数学的美妙之处，感受其中的智慧和奥秘。解决一个问题往往会引发对更多问题产生思考，这促使同学们更加深入地思考数学的本质，应用数学。探索的过程还能让我们对数学充满敬畏，从而激发对其更加持久的追求，产生长远的学习动力。

让我们积极投入数学学习中，勇于探索问题，培养自学的能力，开启一段充满乐趣和挑战的旅程！

坚持笔记，通过复习巩固数学知识

提分小档案

☐ 提分目标：坚持笔记，通过复习巩固数学知识

☐ 解决问题：天赋一般，努力型选手提分

☐ 提分方法：背诵笔记、题目，养成背诵答题的习惯

很多同学觉得数学题太难，因此常常抱怨自己"脑子不聪明"，畏难心理慢慢地累积得更加严重。但事实上，并非如此。在考卷上，数学试题间的难度确实存在一定区分度，但往往只体现在卷子上的最后两道题目，甚至仅仅是最后一问。只要我们平时认真学习，掌握基础知识，在备考阶段查缺补漏，在考试时用对方法，仍然可以做对大部分位于卷子前面部分的题目。以下是三个最核心的学习数学的技巧，同学们一旦将其掌握，就会发现数学其实很简单。

一、第一个技巧：记笔记、复习和背诵

如果你没有记住最基本的数学原理、公式，以及课本中的基本原理的推导过程，那么你的丢分，在大部分情况下正是因

为没有掌握这些基础知识。无论你做多少数学题，都无法提高你的成绩，很可能反复出现"十题九错"的情况。因此，在数学学习中，笔记发挥着至关重要的作用。

首先，我们务必要保证自己能默写和背诵基本原理、概念和知识点。其次，我们可以在数学笔记中写下重要的公式和定理，确保自己熟记，并理解它们的推导过程。这样，在解题时就能更好地运用。再次，我们还可以记录下解题技巧和策略，也就是解题思路和常用的解题方法，包括分析问题、寻找关键信息、选择合适的公式和应用正确的推理步骤等。此外，我们也要将优秀范例和经典题目记录在笔记本上，以便在需要时进行参考和复习。这些都有助于培养我们的解题能力，加强对数学问题的理解。最后，我们要将常见的错误和易混淆点作为重点记录的内容，将它们记录在笔记本中专门规划出来的区域，以便加以注意和强化理解。

二、第二个技巧：背诵题目，攻克弱点

如果仅整理错题本，还无法解决某类问题，这些问题依然在考试中反复或频繁地出现，我们就必须采取以下切实的措施。

首先，要对课本上的相关知识点有针对性地一一攻克。重新学习课本对应的知识点、概念和公式的推导过程，并做课本

中的例题。在这个过程中，可以利用前面提到的数学笔记，这样可以节约很多时间。

接下来，我们要利用教辅书来攻克难题。从简单的概念题开始做起，一直做到课后练习和单元检测。一般来说，安排每周攻克一种题型就足够了。经过这一轮的训练，我们会惊讶地发现，原本的弱点题反而成了自己的强项，无论其公式还是解题思路，你都牢牢记住，运用自如。

除了课本和教辅书，我们还可以考虑寻求帮助和指导来克服弱点题目——在遇到自己解决不了的问题时，毫不犹豫地向老师、同学或家长寻求帮助，他们可能会提供给你另一种视角或宝贵的解题策略。

我们还可以从其他来源寻找习题，如试题集、在线资源或学习平台上的题库。多样化的题目能够帮助我们更全面地理解和应用知识。当做错了某道题，关注并研究正确答案，此后背诵优秀的解题步骤时，一定要深入理解答题的思路和过程。将自己的解题思路与正确答案对照起来看，有助于精准定位自己的错处，并加以更正，从而提高做题的准确率。

最后是要持续反思和修正，在攻克弱点题目的过程中，持续反思自己的错误和不足，及时进行修正。同样，可以采用错题本或学习日志，记录你的错误和对应的改进措施，以便追踪和评估自己的进步。

三、第三个技巧：背诵答题习惯

如何养成背诵答题的习惯呢？我们首先要弄清楚数学考试的时间安排，例如，高考数学通常在下午三点到五点之间。那么，我们可以在每个周末选一个下午，完整地做一套试卷。注意，对于高考生来说，我们需要将模拟考试的时间固定在下午三点到五点之间。我们的大脑本来较难在这个时间段集中注意力，反而容易感到困倦；然而，数学高考的考试时间却正是在这个时段。因此我们需要提前调整自己的生物钟，让大脑在这个时间段保持兴奋状态。在这点上，初三和高三阶段的同学们一定要尽早开始训练自己的生物钟，"现在"就是最好的时机。

除了在特定时间自行进行模拟考试外，我们还要结合在本书中学到的其他学习方法，科学、有效地备考。

1. 制订合理的学习计划

制订每日、每周和每月的学习计划，合理安排用于复习和解题练习的时间，培养良好的学习习惯和时间管理能力。

2. 分析和评估答题过程

做完每套试卷后，仔细分析和评估自己的答题过程，找出不足之处并寻找改进的方法；这时就可以使用在线学习平台，或找到合适的学习伙伴，互相进行测试和评估，这些都有助于让你发现自己的弱点并加以提高。

3. 模拟真实的考试环境

除了在特定的、与真实考试一致的时间段进行模拟考试，还可以模拟真实考试的环境和条件，排除干扰因素，保持专注，并在规定时间内完成试卷。

同学们可以通过本书中的详细分析，理解学习数学的核心方法。跟着本书介绍的 28 个学习小细节，持续练习和总结，就能够更有效地学习数学，养成良好的解题和作答习惯，最终提高成绩。

数学提分小细节

作者 _ 廖恒　极简学习编辑部

产品经理 _ 宋晓舒　　装帧设计 _ 张一一　　内文设计 _ 廖淑芳　　产品总监 _ 刘嘉森

技术编辑 _ 丁占旭　　责任印制 _ 杨景依　　出品人 _ 王誉

鸣谢（排名不分先后）

黄杨健　刘树东　李谨

果麦
www.guomai.cn

以 微 小 的 力 量 推 动 文 明

图书在版编目（CIP）数据

数学提分小细节 / 极简学习编辑部著. -- 天津：天津教育出版社，2024.8. -- （极简学习系列 / 廖恒主编). -- ISBN 978-7-5309-9210-4

Ⅰ. G634.603

中国国家版本馆CIP数据核字第2024CB1439号

数学提分小细节
SHUXUE TIFEN XIAO XIJIE

出 版 人	黄　沛
作　　者	廖　恒　极简学习编辑部
责任编辑	常　浩
装帧设计	张一一
出版发行	天津出版传媒集团 天津教育出版社
地　　址	天津市和平区西康路 35 号
邮政编码	300051
电　　话	（022）23332301（营销部） （022）23332419（总编室）
网　　址	http://www.tjeph.com.cn
经　　销	新华书店
印　　刷	天津丰富彩艺印刷有限公司
版　　次	2024 年 8 月第 1 版
印　　次	2024 年 8 月第 1 次印刷
规　　格	32 开（880 毫米 ×1230 毫米）
字　　数	110 千字
印　　张	5.5
定　　价	39.80 元